Gilles Dostaler e Bernard Maris

CAPITALISMO E PULSÃO DE MORTE

TRADUÇÃO Marcia Tiburi

Avaré
2025

CONTRA
CORRENTE
10 ANOS

Travessa Vergílio de Araújo Valim, 167
AVARÉ - SP - BRASIL | CEP 18707 815
www.editoracontracorrente.com.br
contato@editoracontracorrente.com.br

EDITORES
Camila Almeida Janela Valim
Gustavo Marinho de Carvalho
Rafael Valim
Walfrido Warde
Silvio Almeida

EQUIPE EDITORIAL
COORDENAÇÃO DE PROJETO **Erick Facioli**
REVISÃO **Douglas Magalhães**
PREPARAÇÃO DE TEXTO E REVISÃO TÉCNICA **Amanda Dorth e Beatriz Duarte Lopes**
PROJETO GRÁFICO E CAPA: **Maikon Nery**
DIAGRAMAÇÃO: **Pablo Madeira**

EQUIPE DE APOIO
Carla Vasconcelos
Regina Gomes
Nathalia Oliveira
Geovanna Sales

Dados Internacionais de Catalogação na Publicação (CIP)
(Câmara Brasileira do Livro, SP, Brasil)

Dostaler, Gilles
Capitalismo e pulsão de morte / Gilles Dostaler, Bernard Maris ; tradução Marcia Tiburi. -- Avaré, SP : Editora Contracorrente, 2025.

Título original: Capitalisme et pulsion de mort.
ISBN 978-65-5396-227-9

1. Capitalismo 2. Capitalismo - Aspectos psicológicos 3. Ciências políticas I. Maris, Bernard. II. Título.

24-231630 CDD-320

Índices para catálogo sistemático:
1. Ciências políticas 320
Eliete Marques da Silva - Bibliotecária - CRB-8/9380

PREFÁCIO À EDIÇÃO BRASILEIRA

Gilles Dostaler foi um professor canadense de história da economia. Bernard Maris, além de professor de economia, se dedicou ao jornalismo. Dostaler faleceu em 2011, aos 64 anos, enquanto Maris faleceu aos 68 anos no dia 7 de janeiro de 2015 na chacina contra o jornal satírico Charlie Hebdo, no qual ele assinava uma coluna sob o pseudônimo de Tio Bernardo. O escritor Emmanuel Carrère fala sobre como recebeu a notícia da morte de Maris, com quem vinha desenvolvendo uma bonita amizade, em meio a um retiro de vipassana no seu romance *Ioga*.[1]

Dostaler e Maris conheciam Freud e Keynes, os temas e as preocupações que os uniam. A principal delas era a pulsão de morte. Entre o capitalismo e o fanatismo fascista, enunciados tais como o "Viva a morte" dos franquistas espanhóis seriam uma prova política do movimento inconsciente rumo à destruição promovido por certos grupos políticos. A sentença de um jihadista "Você

1 CARRÈRE, Emmanuel (2023). *Ioga*. Rio de Janeiro: Alfaguara.

nunca amará tanto a vida como nós amamos a morte" citada pelos autores leva a pensar que estamos ameaçados por todos os lados, mas se formos éticos, além de políticos, sabemos que lutar por um mundo melhor continua sendo o sentido da vida como um todo. Se estamos todos na mira do delírio fundamentalista – o que atingiu Maris é apenas um exemplo – e isso atinge pessoas em todo o mundo em um cenário de guerra dos bélica e financeiramente mais fortes contra os mais fracos, o único caminho que resta é, conhecendo o ponto de vista que nos olha, escapar do alvo, mas, para além disso, debelar as condições que sustentam a criação de um alvo.

Neste pequeno mas precioso livro, tão crítico quanto despretensioso e, ao mesmo tempo, bastante apaixonado, os autores buscam colocar frente a frente dois gênios do século XX demonstrando sua preocupante atualidade. Organizado de um modo simples e didático para situar os autores e suas preocupações comuns, o livro situa a pulsão de morte implicada na destruição da natureza e a consequente destruição humana num contexto em que a economia – não mais a política, como diria Clausewitz – é a continuação da guerra por outros meios. Nosso ódio inconsciente efetivado em guerras, inclusive econômicas e financeiras, precisa ser compreendido se quisermos que seja superado.

Freud e Keynes habitaram a mesma época compreendendo seus caminhos e descaminhos de maneira originalíssima. O diálogo entre eles se justifica tendo em vista que a psicanálise está presente na obra de Keynes, assim como a economia está presente na obra de Freud. Keynes leu Freud, entendendo que a economia tem, por assim dizer, um lado mal resolvido, é uma prática do inconsciente, assim como Freud leu Keynes e entendeu a dinâmica do desejo em termos de economia.

Além da pulsão de morte, Keynes e Freud partilham uma concepção semelhante do dinheiro que, muito além de um instrumento neutro facilitador da troca como querem muitos economistas positivistas, remete a pulsões inconscientes, ao erotismo anal e à morte. Keynes foi um crítico tenaz do amor ao dinheiro, da *auri sacra fames*, de um certo complexo de Midas que apenas o elo analítico entre psicanálise e economia poderia elucidar.

Keynes viu a ligação entre a pulsão de morte, a preferência pela liquidez e a tendência rentista da ideológica economia capitalista. Como resposta ao mal rentista, mal maior desse sistema, algoz da economia como um todo e da espécie humana na Terra, Keynes propôs a "eutanásia do rentista". Uma proposição surpreendente quando pensamos que ele mesmo era um capitalista e, no entanto, era capaz de ver os defeitos do sistema, jamais compactuando com sua perversão. Vendo-se como um liberal radical, Keynes se sentia menos conservador do que o eleitor trabalhista médio, mas sua crítica mais veemente se dirigia ao rentista cujas pulsões deveriam ser controladas. Para Keynes, a possibilidade de ganhar dinheiro e até mesmo de fazer fortuna seria um caminho para canalizar algumas das tendências perigosas da natureza humana em direções mais inofensivas. Se a crueldade é, muitas vezes, a saída para a busca desenfreada de poder, é preciso controlá-la. Pensando em acabar com o rentismo, modo de ser da economia improdutiva neoliberal, Keynes conseguia ser diplomático, talvez buscando o equilíbrio para evitar a morte, ao dizer que era muito melhor para um homem exercer despotismo sobre a sua conta bancária do que sobre os outros. Obviamente um homem que pertencia ao seleto círculo de Bloomsbury, prezava a ironia. Em termos de economia, ele sabia que o dinheiro tinha essa função instrumental de produzir a crueldade e que era preciso contornar essa potência sequestrada nas mãos de poucos e, ao mesmo tempo, formadora de massas sem sujeito como percebeu Freud.

Compreendendo as contradições do capitalismo, nossos autores tentarão mostrar que a luta ansiosa desse sistema contra a morte – sequestrando o tempo de todos – é apenas um meio de acelerar a extinção da espécie. Não há capitalismo sem pulsão de morte, assim como não há, de modo nenhum, cultura livre dela. A pergunta que resta responder, com a ajuda desses autores, é se um mundo para além do capitalismo é possível.

Atentos à mensagem inquietante de Freud e Keynes sobre o desejo de autodestruição da espécie humana, justamente sob a aparência de estar se construindo, podemos – e devemos – pensar com Dostaler e Maris sobre a hipótese de um outro mundo possível. Um mundo em que Eros seja mais intenso do que Thanatos, ou seja, um mundo em que a balança pese mais para o lado do amor do que da morte. Certamente, novos projetos econômico-políticos devem surgir nessa direção se quisermos que a espécie humana se sustente sobre a Terra que ela mesma vem destruindo sem respeito algum pela vida no planeta.

MARCIA TIBURI

PREFÁCIO DOS AUTORES

"Fuga para a liquidez", "sede insaciável de liquidez", "desejo mórbido de liquidez". De que outra forma podemos descrever a procura angustiante dos bancos e das instituições financeiras de hoje, no meio da tempestade rentista desencadeada por eles mesmos movidos por uma ganância insaciável, um desejo de dinheiro sem limites? A expressão "desejo mórbido de liquidez" não nos pertence. Ela foi cunhada por Keynes e remete à pulsão de morte descoberta por Freud. Keynes acreditava que os bancos tinham desempenhado um papel importante na gênese da crise de 1929, que conduziu a humanidade à catástrofe. De fato, esse estado de coisas se repete. Claro que as pessoas têm memória, e os bancos centrais injetam agora centenas de milhões de dólares e euros para revitalizar uma economia global ameaçada de colapso. Ainda não chegamos ao ponto em que a produção industrial dos EUA caiu 50%, como aconteceu na década de 1930. Mas se prestamos atenção, um barulho sinistro de botas marchando pode ser ouvido na Rússia, na Áustria, nas ex-repúblicas soviéticas e nos próprios países da Europa. Mais uma vez o capitalismo, na sua busca desenfreada do lucro, seu desejo cada vez maior de acumulação liberou o que está enterrado no seu íntimo e o impulsiona com toda a sua energia: a pulsão de morte. O que pensamos ser a "globalização feliz" não passa da desmedida do dinheiro ensandecido e sua pulsão destrutiva.

O capitalismo é um momento particular da história da humanidade em que a tecnologia e a ciência são desviadas para a hiper produtividade do trabalho, em que o crescimento da produção de mercadorias supostamente destinadas a satisfazer necessidades se torna infinito, e o dinheiro, servindo apenas para acumular mais dinheiro, se torna também um fim em si mesmo. Trata-se de um momento que não tem outro objetivo senão o de acumular bens materiais e poupar tempo – esse é o sentido do aumento da produtividade –, tempo que se pretende roubar à morte. Nesse sistema, o dinheiro não é o véu transparente, neutro e pacífico sobre as trocas que a maioria dos economistas imaginou. É o portador de todas as ansiedades e de todos os impulsos da humanidade, apanhada nesse turbilhão de crescimento, de acumulação de bens e de dejetos, de destruição da natureza. A procura da velocidade a todo o custo é uma resposta à procura do dinheiro, num mundo onde, como se sabe desde Benjamin Franklin, o tempo e o dinheiro são equivalentes.

As contas nunca são saldadas neste tempo cumulativo, o tempo do capitalismo. Ele nunca para. O equilíbrio e a paz nunca são alcançados. Ao secularizar o tempo, ao torná-lo objeto de dilatação e de acumulação, o ser humano recuperou, monetizou e trocou o que só a Deus pertencia, quebrando a proibição religiosa dos empréstimos com juros. Através da tecnologia, seres humanos pensaram estar tocando o divino. Amontoar, acumular incessantemente para se aproximar de Deus é uma definição de capitalismo que o Freud de *O Mal-Estar na Cultura* certamente aprovaria.

O que Freud e Keynes ensinam, como esperamos mostrar neste livro, é que esse desejo de equilíbrio, que faz parte do capitalismo – que é sempre presente, mas sempre repelido pelo crescimento –, não é outra coisa que uma pulsão de morte. A destruição, a autodestruição e a morte constituem também o espírito do capitalismo. Nos mercados circulam mercadorias que cristalizam o tempo de trabalho das pessoas, mas também o sofrimento, a culpa e o ódio. O mercado, esse coadjuvante do capitalismo, é um lugar terrível de igualdade teórica e, consequentemente, de mimetismo, de ressentimento, além de ser um incrível catalisador da pulsão de morte que atua na acumulação. No entanto, o capitalismo é concomitante a uma explosão de desigualdades entre nações e entre pessoas dentro das nações, com o inchaço de bolhas que sugam a energia humana e depois explodem, com a formação da mera renda (como os primeiros grandes pensadores econômicos – Smith, Ricardo, Malthus, Mill e, claro, Marx – descreveram perfeitamente) em detrimento do trabalho. O capitalismo só existe com o aumento infinito dos excedentes. E o desperdício, a "parte maldita" descrita por Georges Bataille, exige, de tempos em tempos, o que lhe é devido – através de uma crise financeira hoje, de uma guerra amanhã.

A grande astúcia do capitalismo, como veremos, é canalizar e desviar as forças de aniquilação, a pulsão de morte, para o crescimento. Nesse sentido, Eros domina Thanatos, o usa e subjuga, principalmente no que se refere à destruição da natureza. Mas Thanatos habita Eros: o prazer está na destruição – como está no consumo, que é apenas destruição, por oposição ao investimento, que significa uma recusa do consumo. A crise financeira contemporânea, agravada por uma crise climática sem precedentes; o envelhecimento da população dos países do Norte e a sua recusa em negociar o seu nível de vida (o que é mais uma manifestação da "parte maldita", do consumo inútil); a emergência de hiperpotências capitalistas como a China e seu bilhão e trezentos milhões de habitantes, cujo destino será provavelmente o destino arrogante e belicoso – talvez apesar de si mesmo – de qualquer hiperpotência: todos os maus presságios avisam que a pulsão de morte implica transbordar o capitalismo que a contém. Mas até quando?

PRÓLOGO

MORITURI

Não era apenas um gênio, mas, ao contrário de muitos génios, era um homem extraordinariamente simpático. (...) Havia nele algo como num vulcão semi-extinto, algo sombrio, reprimido, reservado. Deu-me a impressão que muito poucas pessoas que conheci me deram, uma impressão de grande gentileza, mas por detrás dela, de grande força.

Leonard Woolf sobre Sigmund Freud,
Downhill all the Way, 1967.

A mente de Maynard era incrivelmente rápida e flexível, imaginativa e inquieta; estava sempre pensando em coisas novas e originais, particularmente no campo dos acontecimentos e comportamentos humanos e das relações entre acontecimentos e ações humanas. Tinha o raro dom de ser tão brilhante e eficaz na prática como era na teoria, de modo que podia vencer um banqueiro, um empresário ou um primeiro ministro tão rápida e elegantemente como podia demolir um filósofo ou esmagar um economista.

Leonard Woolf sobre John Maynard Keynes,
Sowing, 1960.

Em outubro de 1929, a Bolsa de Valores de Nova Iorque entrou em colapso, desencadeando a queda de outros centros financeiros e uma cascata de falências. Segundo o mais famoso economista americano da época, Irving Fisher, os preços das ações tinham atingido "um ponto alto permanente". O capitalismo, que parecia destinado a um crescimento eterno, mergulhou numa crise sem precedentes. A produção entrou em colapso e o desemprego atingiu mais de um quarto da população ativa em vários países. Rumores sinistros se fizeram ouvir nos lados da Alemanha. Apenas quinze anos após os massacres do Somme, de Verdun e do Chemin des Dames, a cólera das nações voltava a rugir e as ideologias diabólicas cresciam na Europa.

Um ano mais tarde, surgiram dois textos notáveis. John Maynard Keynes publicou "Perspectivas Econômicas para os Nossos Netos", uma reflexão bastante otimista sobre o salto cultural que o capitalismo poderia permitir, e Sigmund Freud publicou *O Mal-Estar na Cultura*, uma obra profundamente pessimista sobre a dialética do bem e do mal, das forças da morte e da vida, na qual se descobre que a civilização, força vital e sustentáculo da espécie humana, traz em si uma pulsão de morte contra a qual ela luta sem cessar. Não podemos deixar de ficar impressionados com as análises deste livro sobre a globalização, a tecnologia e a luta do ser humano contra a natureza. É certo que o capitalismo, que surgiu há algumas centenas de anos, não deve ser confundido com a cultura, que tem as suas raízes na aurora da humanidade. Mas a sua linguagem – a linguagem dos mercados, dos contratos, da acumulação, do dinheiro, das necessidades e da globalização – agora recobre e modela a civilização. A cultura – e essa é uma das mensagens de Freud – contém a técnica. Ao desenvolver a técnica, o ser humano não aumentou a sua felicidade, mas libertou uma força que não se sabe onde o levará. Seria rumo a uma nova sociedade da abundância, tendo finalmente acabado com o problema econômico – a escassez – e voltado para as artes e a amizade, como desejava Keynes em seu "Perspectivas"? Ou para o cupinzeiro, mencionado por Freud no final do seu livro, e para a abolição das vontades individuais, desejada pelos nazis? Em direção ao apocalipse?

Mais provavelmente para o cupinzeiro, o que significaria a morte da humanidade. Seremos todos vigiados, controlados, fichados. Nossas impressões digitais genéticas, a íris dos nossos olhos, as matrículas dos nossos automóveis, tudo estará sujeito a um *Big Brother* informático. Nas ruas de Londres, um indivíduo pode agora ser fotografado até trezentas vezes no mesmo dia. Já há máquinas que produzem ultrassons sensíveis apenas aos ouvidos das crianças, para afastá-las de locais que possam ser prejudiciais, como as entradas dos supermercados, onde se concentra a "multidão inumerável de homens semelhantes e iguais que se voltam sem descanso sobre si mesmos para obter pequenos e vulgares prazeres, com os quais enchem a alma".[2] Acima deles, ergue-se um "poder imenso e tutelar". Esse poder "gosta

2 TOCQUEVILLE, Alexis de (1840). *De la démocratie en Amérique*, II. Paris: Garnier-Flammarion, 1981, p. 385.

que os cidadãos se regozijem, desde que só pensem em regozijar-se", diz Tocqueville. São esses indivíduos egoístas e isolados, os quais se fecham sobre si próprios sem cessar, que são retratados pelos economistas.

A mensagem de Freud em *O Mal-Estar na Cultura* é inquietante: a cultura reprime a pulsão de morte dentro de cada indivíduo, mas a pulsão de morte faz parte da cultura. Daí a pergunta: tal como lemingues que, se movendo em grande número, caem do topo de penhascos, ou esses caribus que se atiram em massa em rios caudalosos, estará a humanidade se precipitando inconscientemente para a morte, com grande prazer ou, pelo menos, com grande desejo de alívio?

Há quase duas décadas, Claude Lévi-Strauss,[3] então com noventa e seis anos, recordava que os demógrafos previam um pico populacional na década de 2050, quando a humanidade atingiria 9 bilhões de pessoas. Depois disso, a população diminuiria tão rapidamente que

> dentro de alguns séculos, a sobrevivência da nossa espécie estará ameaçada. Em todo caso, terá causado estragos não só na diversidade cultural, mas também na diversidade biológica, eliminando muitas espécies animais e vegetais.[4]

3 No seu discurso de aceitação do Prêmio Internacional da Catalunha, em 13 de maio de 2005.

4 LÉVI-STRAUSS, Claude (2005). "Discours d'acceptation du Prix international Catalunya, prononcé à l'Académie Française, mai". *Le Nouvel Observateur*, nº 2.269, 1-7 maio 2008, p. 12.

Assim, a humanidade, que está devastando a Terra, será a causa da sua própria morte:

> Talvez não exista nenhum grande drama contemporâneo que não tenha sua origem direta ou indireta na crescente dificuldade de convivência, inconscientemente sentida por uma humanidade em plena explosão demográfica e que – como os vermes da farinha que se envenenam à distância no saco que os envolve muito antes de ficarem sem comida – começaria a se odiar porque uma presciência secreta adverte que ela está se tornando numerosa demais para que cada um de seus membros possa desfrutar livremente dos bens essenciais de espaço aberto, água pura, ar não poluído etc.[5]

Depois de ter destruído a natureza, nos tornamos as nossas próprias vítimas, em resultado do ódio inconsciente que temos uns pelos outros. Não ouvimos um líder islamista justificar os atentados e a próxima vitória da jihad com esta frase absurda: "Você nunca amará tanto a vida como nós amamos a morte". O "Viva a morte" dos fascistas espanhóis parece alegre ao lado dessa frase horrível.

Crescendo indefinidamente, a humanidade acumula ao infinito para satisfazer necessidades igualmente infinitas. Em contraste, estão os índios Caduveo, estudados

5 LÉVI-STRAUSS, Claude (2005). "Discours d'acceptation du Prix international Catalunya, prononcé à l'Académie Française, mai". *Le Nouvel Observateur*, nº 2.269, 1-7 maio 2008, p. 12.

por Claude Lévi-Strauss, e os Achuar, de Philippe Descola, cuja cultura, sem dúvida extremamente sofisticada, os obriga a viver frugalmente e em simbiose com a natureza. Os Achuar, que vivem na Amazônia, perto do rio Kapawi, na fronteira entre o Equador e o Peru, acreditam que haverá uma catástrofe se matarem macacos lanosos, para além do necessário para a sua alimentação, perturbando assim o delicado equilíbrio entre eles e aqueles que são, segundo eles, seus parentes. As sociedades deste tipo "ignoram a escrita, o centralismo político e a vida urbana".[6] Desprovidas de "instituições especializadas na acumulação, objetivação e transmissão de conhecimentos",[7] elas não têm bancos, corretores, fundos de investimento ou laboratórios de investigação especializados no registo de patentes. E, no entanto, Marshall Sahlins explicou como esses povos chamados de "primitivos" vivem na abundância: "ignorando a obsessão com a escassez que caracteriza as economias de mercado, as economias de caça e coleta podem se concentrar sistematicamente sobre a abundância".[8] Tais povos têm uma relação baseada na fraternidade com a natureza, que traduz o termo "parentesco". O preço a pagar por essa fraternidade

6 DESCOLA, Philippe (2005). *Par-delà nature et culture*. Paris: Gallimard, p. 53.

7 DESCOLA, Philippe (2005). *Par- delà nature et culture*. Paris: Gallimard, p. 53.

8 SAHLINS, Marshall David (1976). *Âge de pierre, âge d'abondance*. Paris: Gallimard, p. 38.

é a exploração da natureza e do trabalho. Ora, necessidade e trabalho têm a mesma raiz. Os Achuar não têm necessidade nem trabalho. Contudo, não vamos evocar neste livro um utópico "regresso à natureza".

Por que saímos desse estado de simbiose com a natureza? Eis o mistério do período neolítico, da sedentarização dos povos da agricultura e da pecuária, bem como a constituição de excedente. O capitalismo é uma etapa nova e específica da evolução da humanidade? Sim, quanto a isso não há qualquer mistério. Ele pode ser definido como o momento em que as invenções e as tecnologias são desviadas, canalizadas e sistematicamente aplicadas à acumulação de bens. É certo que o grande capital nasceu entre os antigos que conheciam as técnicas da contabilidade, os bancos, os créditos e os seguros, mas era sobretudo uma questão de predação e de conquista. Não há necessidade de reler Marx para saber que, com o capitalismo, se desenvolveu o trabalho livre, a troca no mercado, a classe capitalista e o Estado moderno como garante da liberdade contratual. Em particular, a Revolução Industrial inglesa, representou um salto quantitativo e qualitativo na produção. Considerando a história da humanidade em escala, o capitalismo é jovem. Pode ser que ele não dure muito tempo. A explosão da produtividade do trabalho o caracteriza, junto à utilização intensiva e extensiva de várias fontes de energia, a última das quais – o petróleo – desempenhou um papel essencial na emergência do mundo moderno. A explosão demográfica é proporcional à utilização desenfreada de combustíveis fósseis.

"Por que o capitalismo teve origem na Europa?" Eis uma questão que deixamos aos historiadores[9] e à qual eles dão uma resposta satisfatória. A que propomos ao leitor é diferente: não terá o capitalismo, ao desviar a técnica em benefício da acumulação, aberto em grande parte as comportas de uma pulsão de morte encravada no coração da humanidade? Se a resposta for afirmativa, o que receamos, então vamos ter uma viagem difícil na saída de um século que não foi nada simpático para nós. A implosão demográfica prevista por Lévi-Strauss e um certo número de catástrofes econômicas, ecológicas, políticas e sociais poderiam pôr fim a uma história de vários milhões de anos, uma história tão grandiosa quanto trágica, uma história durante a qual, a acreditar nos paleontólogos, as espécies, demasiado reduzidas em número, estiveram muito perto da extinção. A pulsão de morte descoberta por Freud, combinada com o amor ao dinheiro e a acumulação de capital descrita por Keynes, desempenhou um papel essencial no aparecimento e desenvolvimento do capitalismo.

Em sua história social e cultural da psicanálise, Eli Zaretsky a descreve como "uma grande força de emancipação", essencial para o advento do modernismo e do Estado de Bem-Estar Social.[10] Ele acrescenta, no

9 Ler Fernand Braudel, David Landes, Max Weber e Paul Bairoch.

10 ZARETSKEY, Eli (2008). *Le Siècle de Freud*: une histoire sociale et culturelle de la psychanalyse. Trad. Pierre-Emmanuel Dauzat. Paris: Albin Michel, p. 13.

entanto, que após a Segunda Guerra Mundial, a psicanálise, sobretudo nos Estados Unidos, tornou-se em grande parte uma força de conservação e de normalização. Tal deriva para o estatuto de "teoria da adaptação", para usar uma expressão de Erich From,[11] outro representante da esquerda freudiana, ligada, segundo ele, às origens burguesas da maioria dos psicanalistas e dos seus pacientes, foi combatida por vários pensadores, como Fromm, Brown e Marcuse – alguns identificados com uma corrente freudo-marxista iniciada por Wilhelm Reich e Otto Fenichel. Entre eles, Marcuse, com *Eros e Civilização* (1955), e Brown, com *Eros e Thanatos* (1959), desenvolveram a tese, que nunca foi unanimemente aceita pela família freudiana, da luta entre as pulsões de vida e de morte. Brown foi provavelmente o primeiro a salientar as semelhanças entre as ideias de Freud e Keynes sobre o dinheiro, o capitalismo e a morte. Mas, tal como Keynes, Brown e Marcuse foram, apesar das suas duras críticas às sociedades do seu tempo, relativamente otimistas quanto a um futuro distante.

Cinquenta anos depois, as coisas mudaram consideravelmente. A realidade econômica atual ilustra cruamente as análises de Keynes e Freud, e o otimismo já não está na ordem do dia. Marcuse e Brown acreditavam, sem dúvida, que a guerra tinha ficado para trás, mas ela continua no horizonte da humanidade. A balança do terror entre dois jogadores chegou ao fim. A URSS

11 FROMM, Erich (1980). *Grandeurs et limites de la pensée fieudienne*. Paris: Robert Laffont, pp. 203-210.

se desintegrou. As guerras locais e regionais se multiplicam. A limpeza étnica e o genocídio não cessaram com a Shoah. As bombas foram democratizadas, o terrorismo apareceu e uma bomba ecológico-climática está pronta a explodir, enquanto o caldeirão econômico cozinha uma crise financeira associada a uma crise de matérias-primas.

Apareceram novos monstros: a China, que combina ditadura e mercado de uma forma esquizofrênica digna de Orwell, capta 40% dos novos recursos petrolíferos descobertos todos os anos, monopoliza os metais, acumula dívidas com os Estados Unidos, apoia regimes ditatoriais e genocidas sem escrúpulos, desvia rios e desloca cidades e fábricas para satisfazer o seu desejo de poder. Brown, Marcuse e muitos outros não poderiam ter previsto a viragem de todas as civilizações para o capitalismo, a desregulamentação financeira e a globalização, e o domínio da escassez econômica sobre o planeta. No entanto, a escassez econômica está intimamente ligada à análise de Freud sobre o recalque, o princípio da realidade e a pulsão de morte.

Tal como a obra de Freud, a de Keynes implica a pulsão de morte. Keynes e Freud partilham uma concepção semelhante do dinheiro. Não é, como para a maioria dos economistas, um instrumento neutro inventado para facilitar a troca, mas uma realidade que remete aos impulsos arraigados no inconsciente, ao erotismo anal, à morte, como ilustra o mito de Midas, a quem os seus escritos fazem frequentemente referência. Por fim, partilham uma concepção idêntica da relação entre o individual e o social, da psicologia das massas – e dos processos de mimetismo que atuam tanto nas revoltas políticas como na especulação financeira. Para além desse parentesco, que mereceria um livro próprio, Keynes fornece uma outra chave que Freud não possuía para compreender a dialética de Eros e Thanatos, a pulsão de vida e a pulsão de morte. Embora mais otimista do que o mestre vienense, Keynes introduziu um conceito que prenunciava um resultado desastroso para a humanidade: a renda. Keynes estabeleceu a ligação entre a pulsão de morte, a preferência pela liquidez e a tendência rentista das economias. Se, crendo em Lutero e Freud, o outro nome da pulsão de morte é Satanás, então a "eutanásia do rentista" que Keynes procurava no final da sua *Teoria Geral do Emprego, do Juro e da Moeda* é uma resposta ao Mal e ao Maligno. A globalização financeira é uma nova etapa, talvez a última, dessa tendência rentista. A humanidade está agora encurralada, presa contra a parede da escassez.

É curioso que, nos mitos fundadores das religiões, os homens que viviam na abundância e na profusão dos bens oferecidos no paraíso terrestre tenham escolhido a queda e as suas consequências: escassez, trabalho, sofrimento, fome e violência. Podemos imaginar que o "conhecimento do bem e do mal" que os tentava e provocou a sua queda foi a tentação de uma outra abundância, de uma outra profusão: a do conhecimento. Eles quiseram saber e pagaram esse desejo na entrada da história e da economia, que mais uma vez significa falta, escassez, trabalho, incerteza e infelicidade. A economia nasce com a Queda.

Desde que deixaram de ser caçadores e coletadores, parasitas de outras espécies, a abundância, o "tirar da pilha" é proibido aos seres humanos. E como vêm acumulando excedentes, desde a era agrícola, eles seguem acumulando. O que pode ser novo é o fato de o ser humano se ter apercebido de que essa acumulação se tornou um perigo para si próprio, porque não está apenas acumulando "riqueza", mas também, e sobretudo, bens negativos, os resíduos – em suma, porque está destruindo mais do que acumulando.[12] Mas esse conhecimento não será uma tragédia? Tal como o escorpião que não consegue se impedir de matar a rã que o leva para o outro lado do rio e se afoga com ele, mas que mata porque, diz ele, "é a sua natureza", o homem aceita continuar o seu percurso destrutivo, sem dúvida "porque é a sua natureza" e porque há um grande prazer em destruir jogando a roleta russa.

Keynes imagina que, por volta de 2030, a humanidade terá finalmente acabado com o problema da escassez, relegando a economia para um segundo plano, podendo se dedicar à cultura, à arte de viver, à contemplação do belo, às conversas com os amigos, às relações amorosas.

12 Pouco apreciado entre os economistas, Nicholas Georgescu-Roegen foi um dos poucos a lançar o alerta para esse impasse, no seu livro de 1971, muito antes de começarmos a nos preocupar com os problemas ambientais.

Sabemos agora que 2030 é mais ou menos a data do pico de Hubbert – o momento em que a demanda de petróleo ultrapassará a oferta – e que esse período não terá nada de pacífico. Ora, 2030 é amanhã. Alguns horrores econômicos surgem no horizonte. Os fossos aumentam, tanto no interior dos países ricos como entre as nações. Somas fabulosas de dinheiro circulam pelo mundo,[13] enquanto mais de dois bilhões de pessoas vivem em condições sub-humanas. Uma ínfima minoria de predadores, com a ajuda de uma mão de obra maleável e servil, destrói alegremente o que resta do planeta e se isola da maioria dos miseráveis que vivem em favelas, enquanto algumas centenas de milhões de pessoas na China, na Índia ou no Brasil atingem o estatuto de consumidores à custa de uma mutilação sem precedentes do seu meio ambiente. Por que aqueles que já possuem muito querem ainda mais? Keynes responde a essa pergunta. Por que esses homens gostam dessa confusão? Esse é o verdadeiro problema: o ser humano gosta da sua servidão e da morte que espalha à sua volta, responde Freud. Seus questionamentos convergem: a acumulação incessante de capital, o desejo mortífero de dinheiro e a pulsão de morte são intrinsecamente ligados.

Keynes e Freud eram excepcionalmente cultos e eruditos. Keynes era matemático, historiador e filósofo antes de ser economista. Ele debateu com George Moore, Bertrand Russell, Ludwig Wittgenstein e Frank Ramsay,

13 Sobre esse tema, ver MORIN, François (2006). *Le Nouveau Mur de l'argent*: essai sur la finance globalisée. Paris: Seuil.

que eram seus amigos. Era fascinado por Newton, cujos manuscritos sobre alquimia (assim como a máscara mortuária!) ele comprou, bem como pela teoria da relatividade e pela teoria quântica, tendo discutido sobre elas com Planck e Einstein. Colecionador de livros raros e pinturas, ele foi uma figura importante no mundo da arte do seu país. Freud, cuja obra Einstein admirava, não era alheio à antropologia, à história, à filosofia, à mitologia, à química e à biologia. Na sua juventude, traduziu textos de John Stuart Mill e Shakespeare. O teatro, a poesia e a escultura – ele colecionava estatuetas antigas – provavelmente o fascinaram mais do que o trabalho do Professor Julius Wagner-Jauregg, que recebeu o Prêmio Nobel de Medicina em 1927. Quando lhe foi dito que Freud merecia esse prêmio, o professor respondeu com condescendência que ele provavelmente receberia um Prêmio Nobel de Literatura. Freud recebeu o Prêmio Goethe em 18 de agosto de 1930, e ninguém duvidaria hoje da beleza da sua escrita. Keynes foi também um mestre da língua, e seu estilo foi admirado por sua amiga Virginia Woolf. Para ele, a retórica e a beleza da escrita eram parte integrante da mensagem a transmitir, ao passo que a economia começava já a se caracterizar, em termos de expressão, por um peso e uma obscuridade acentuados por uma profusão de equações. Keynes e Freud escreviam para serem lidos e para convencer, enquanto hoje escrevemos para nos conformarmos com o modelo vigente e progredirmos em nossas carreiras.

Tal como Condorcet, que acreditava que com o desaparecimento da nobreza viria a liberdade, a educação e o progresso, Keynes esperava que com o desaparecimento do rentista viria um mundo livre do amor ao dinheiro, que ele considerava o principal problema moral do seu tempo. Ele pertencia àquilo que se chamava de "burguesia intelectual", crendo no progresso da humanidade. Ele tinha pouco em comum com a burguesia predadora, gananciosa e vulgar dos nossos dias, que é provavelmente mais estúpida do que cínica, movida por nenhum ideal e satisfeita em celebrar a si própria. Freud não era um burguês, mas tinha consciência, tal como Keynes, de que pertencia a uma elite. Para Keynes, contrariamente à crença de Marx, com quem mantinha uma relação de amor e ódio muito freudiana, o mundo melhor não viria das classes baixas revoltadas, mas da classe alta informada, sábia e temperada. A classe alta define o modo de vida, porque suscita a inveja. Cabe à classe alta defender a sabedoria, a moderação, o gosto pelos livros e pelo vinho, e elogiar a amizade e a beleza. Veblen afirmava que o estilo de vida da classe alta definia o padrão de honra de toda a sociedade.[14]

Quem são hoje os nossos Condorcets, os nossos Keynes, os nossos Freuds? Quando o Titanic se chocou com o iceberg, todos os passageiros acreditavam na

14 Veblen, cuja visão da sociedade e da economia tem mais do que um ponto em comum com a de Keynes, tem também laços estreitos com Freud. Ver SCHNEIDER, Louis (1948). *The Freudian Psychology and Veblen's Social Theory*. Nova York: Kings Crown Press.

superioridade do navio sobre a natureza. Acreditavam que a maravilhosa tecnologia do navio inafundável os salvaria. A elite – o arquiteto, o capitão, o armador – descobriram, perplexos, que o imponente navio iria afundar. O armador saltou para o primeiro barco salva-vidas. Ora, o armador é a nossa burguesia, cuja covardia seguirá, sem dúvida, a sua cegueira. Por que empurrar os motores do navio com tanta força para o mar coberto de icebergs? Que inconsciência arrogante e que desejo oculto de catástrofe animavam essa elite? Freud e Keynes desvendaram isso para nós.[15]

15 Depois de Norman Brown, cujo livro mencionamos em 1959, passaram-se mais de vinte anos até que um punhado de investigadores se debruçasse sobre as relações entre Freud e Keynes. O campo foi explorado numa série de publicações de Winslow [WINSLOW, E. G. (1986). "Keynes and Freud: psychoanalysis and Keynes's account of the 'animal spirits' of capitalism". *Social Research*, vol. 53, nº 4, pp. 549-578; WINSLOW, E. G. (1990). "Bloomsbury, Freud, and the vulgar passions". *Social Research*, vol. 57, nº 4, pp. 785-819; WINSLOW, E. G. (1992). "Psychoanalysis and Keynes's account of the psychology of the trade cycle". *In*: GERRARD, Bill; HILLARD, John (Coord.). *The Philosophy and Economics of J. M. Keynes*. Aldershot: Edward Elgar, pp. 212-230; WINSLOW, E. G. (1995). "Uncertainty and liquidity-preference". *In*: DOW, Sheila; HILLARD, John (Coord.). *Keynes, knowledge and uncertainty*. Aldershot: Edward Elgar, pp. 221-243], e em textos de Bonadei [BONADEI, Rossana (1994). "John Maynard Keynes: contexts and methods". *In*: MARZOLA, Alessandra; SILVA, Francesco (Coord.). *John Maynard Keynes*: language and method. Aldershot: Edward Elgar, pp. 13-75], de Rebeyrol [REBEYROL, Antonie (1998). "Psychanalyse et économie politique". *In*: KAUFMANN, Pierre (Coord.). *L'Apport freudien*: éléments pour une encyclopédie de la psychanalyse. Paris: Larousse, pp. 683-690] e de Bormans [BORMANS, Christophe (2002). "Keynes et Freud: de la 'vision' à la 'révolution' keynésienne: l'hypothèse Freud". Disponível em: http: //www.psychanalyste-paris.com/

***

Este livro, que evoca um encontro entre Freud e Keynes, nasceu de um outro encontro. Gilles Dostaler e Bernard Maris, ambos professores de economia, conheceram-se há pouco mais de dez anos em Toulouse, onde o primeiro era professor convidado, e o segundo, conferencista. Naturalmente, falaram de Keynes, cuja obra consideravam um antídoto contra os erros e os excessos do pensamento econômico contemporâneo, tanto prático como teórico. Descobriram também um interesse comum pelo pensamento de Freud, que já conheciam há muito tempo. Por fim, perceberam que partilhavam a mesma opinião sobre a estreita relação entre o pensamento de Freud e o de Keynes, e o fato de que as influências entre os dois autores eram cruzadas. Ambos os pensadores sonhavam com uma humanidade culta. Para Keynes e os seus amigos, a psicanálise podia contribuir para essa realização cultural, porque permitia olhar para as trevas e para o mal.

Paris e Montreal, outubro de 2008.

Keynes-et-Freud.htm1. Acessado em: 07.10.2024]. Nos seus livros sobre Keynes, outros autores também abordaram a questao: MINI, Piero V. (1994). *John Maynard Keynes*: a study in the psychology of original work. Londres: Macmillan; PARSONS, Wayne (1997). *Keynes and the quest for a moral science*: a study of economics and alchemy. Cheltenham: Edward Elgar; e SKIDELSKY, Robert (1992). *John Maynard Keynes*, vol. 2: the economist as saviour, 1921-1937. Londres: Macmillan.

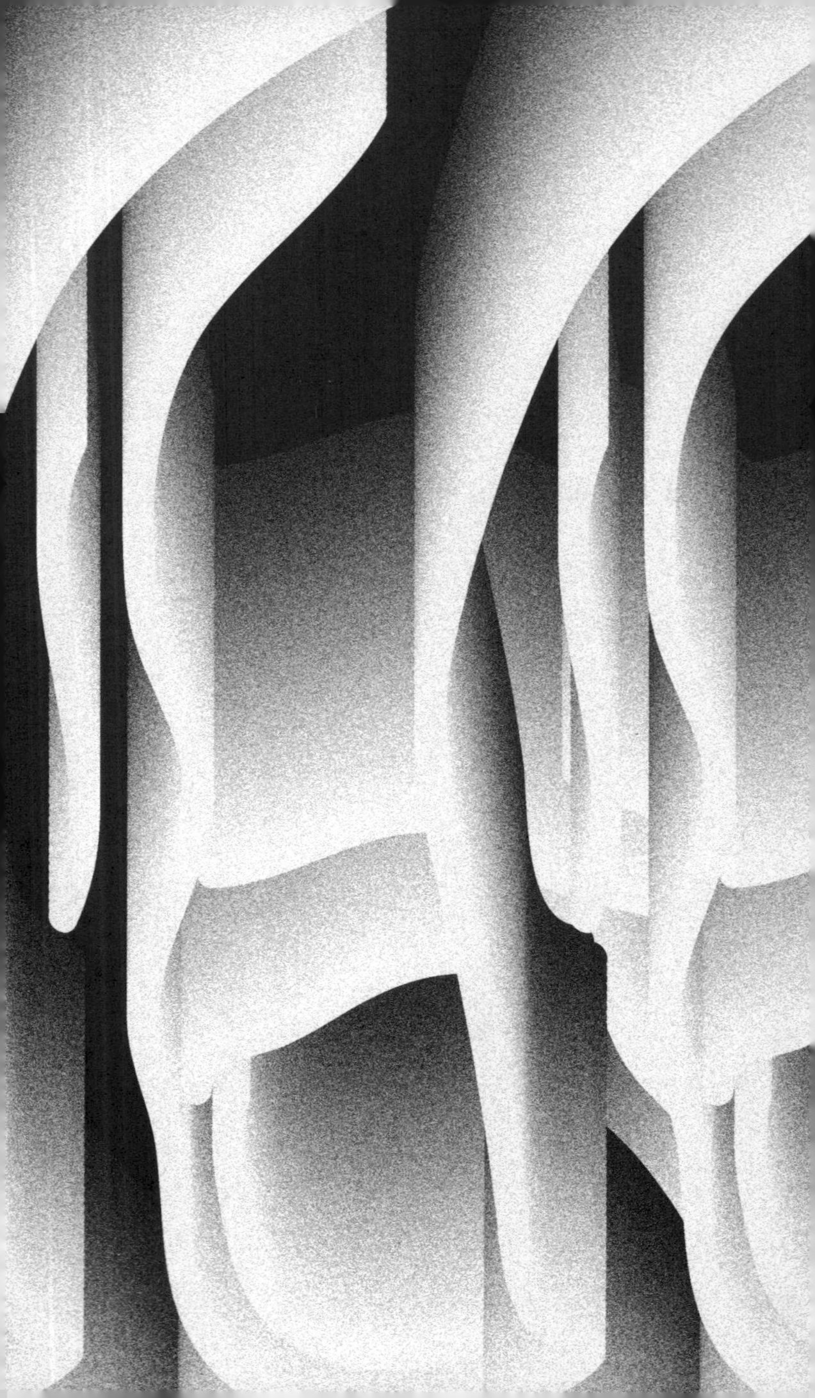

1

FREUD E A PULSÃO DE MORTE

Por que não morri desde o ventre, ou não pereci ao nascer? Por que havia dois joelhos para me acolher, dois seios para me amamentar?

Jó, III, 11,12

Se nos for permitido admitir, como uma experiência que não conhece exceções, que tudo o que é vivo morre por razões internas, revertendo para o inorgânico, então só podemos dizer: o objetivo de toda a vida é a morte e, voltando atrás, o inanimado estava lá antes do vivo.

Freud, Para além do princípio do prazer, *1920*

Em julho de 1929, Freud, de férias, terminou um pequeno livro, escrito à medida que avançava e sem dúvida um dos seus mais belos textos. Presságio sinistro, ele o escreveu não longe de Berchtesgaden, a cidade dos Alpes bávaros perto da qual Hitler construiu o seu ninho de águia. Neste texto, *O Mal-Estar na Cultura*, ele evoca "o impulso humano para a agressividade e a autoaniquilação".[16] Alguns meses mais tarde, na terça-feira sombria de 29 de outubro, eclodiu a crise financeira de 1929, prelúdio de uma terrível crise econômica que deu origem ao nazismo e à guerra. Um ano mais tarde, na segunda edição do seu livro, Freud acrescenta uma frase *in fine*, sugerindo que, na eterna luta entre Eros e Thanatos, é impossível dizer quem acabará por vencer. Antes da vida, há o não vivo, e depois da vida, há também a morte, que é o desfecho de toda a vida. Entre as duas edições do mesmo livro, não aconteceu somente a crise, mas também a entrada dos nazis no Reichstag em setembro de 1930.

Foi em *Para Além do Princípio do Prazer*, publicado dez anos antes, em 1920, que Freud introduziu a noção de pulsão de morte.[17] Max Schur, que foi o médico pessoal de Freud de 1928 a 1939 – e administrou a dose de morfina que pôs fim ao seu sofrimento – demonstrou que Freud foi confrontado muito cedo com a inevitabilidade da morte, o que teria aprendido com sua mãe, antes de ter

16 FREUD, Sigmund (1930). *Le Malaise dans la culture*. Paris: PUF, 1995, p. 89.

17 A palavra alemã *Trieb* pode ser traduzida como "instinto", mas "pulsão" capta melhor a ideia de Freud.

vivido o suicídio e a morte de entes queridos.[18] A correspondência com o seu amigo Wilhelm Fliess[19] mostra um Freud obcecado com sua própria morte. Durante muito tempo, ele esteve convencido de que morreria aos cinquenta e um anos, depois aos sessenta e dois. Contudo, ele viveu até oitenta e três anos.

A hipótese avançada em *Para Além do Princípio do Prazer* é a de que tudo o que vive tem vontade de morrer, tudo o que vem do pó quer retornar ao pó. A espécie humana é o lugar de um conflito entre dois tipos de pulsões, "as que querem conduzir a vítima à morte e as outras, as pulsões sexuais, que tendem incessantemente para a renovação da vida e a impõem".[20] É a luta entre Eros e Thanatos, que se complica pelo fato de a própria pulsão sexual conter uma componente sádica, de modo que "o princípio do prazer parece estar simplesmente a serviço das pulsões de morte".[21]

18 SCHUR, Max (1975). *La Mort dans la vie de Freud*. Paris: Gallimard.

19 Freud e Fliess (1858-1928) eram muito próximos um do outro e trocaram centenas de cartas entre 1887 e 1902. Apenas as cartas de Freud sobreviveram e fornecem uma visão fascinante sobre o nascimento da psicanálise. As relações entre os dois foram brutalmente interrompidas. Fliess acusou Freud de plagiar as suas teses sobre a bissexualidade. Essa correspondência foi recentemente publicada em francês na sua versão integral: FREUD, Sigmund (2006). *Lettres à Wilhelm Fliess, 1887-1904*. Paris: PUF.

20 FREUD, Sigmund (1920). *Au-delà du principe de plaisir*. OC, vol. 15, p. 318.

21 FREUD, Sigmund (1920). *Au-delà du principe de plaisir*. OC, vol. 15, p. 337.

Dez anos mais tarde, em *O Mal-Estar na Cultura*, Freud fala da sua própria dificuldade em aceitar a ideia da pulsão destrutiva, "o tempo que levei para ser receptivo a ela".[22] É difícil aceitar "a existência inegável do mal".[23] A guerra desempenhou, sem dúvida, um papel importante nessa tomada de consciência.[24] Inspirou os dois ensaios que prefiguraram *O Mal-Estar na Cultura:* "As Desilusões causadas pela Guerra" e "Nossa Relação com a Morte", escritos e publicados em 1915 sob o título *Atualidades Sobre a Guerra e a Norte*. Desde o início das hostilidades, homens e Estados cometeram "atos de crueldade, perfídia, traição e brutalidade, cuja possibilidade teria sido considerada incompatível com o seu nível cultural".[25] Isto provocou desilusões precisamente porque temos ideias falsas sobre a natureza humana, ilusões que a psicanálise ajuda a desvendar. A psicanálise nos ensinou

22 FREUD, Sigmund (1930). *Le Malaise dans la culture*. Paris: PUF, 1995, p. 62.

23 FREUD, Sigmund (1930). *Le Malaise dans la culture*. Paris: PUF, 1995, p. 62.

24 O primeiro biógrafo de Freud, Frank Wittels, e muitos dos seus seguidores associaram a introdução da pulsão de morte em *Para Além do Princípio do Prazer* à morte da sua filha Sophie, a 25 de janeiro de 1920, que o afetou profundamente. O próprio Freud se opôs a essa interpretação, afirmando que tinha desenvolvido as suas ideias antes da morte da filha. Outros, como Jean-Bertrand Pontalis, consideram que a Grande Guerra desempenhou um papel crucial na introdução dessa ideia [ROUDINESCO, Élisabeth; PLON, Michel (2000). *Dictionnaire de la psychanalyse*. Paris: Fayard, pp. 69/70].

25 FREUD, Sigmund (1915). *Actuelles sur la guerre et sur la mort*. OC, vol. 13, p. 133.

que "o fato de amar e de odiar com força se encontram frequentemente reunidos na mesma pessoa".[26] Submisso a impulsos contraditórios, o ser humano nunca é totalmente bom ou totalmente mau. Os seus impulsos maus e egoístas são contrariados pelo erotismo, a necessidade de amor, a educação e a cultura. Tendemos a "superestimar toda a aptidão para a cultura em relação ao impulso de vida primitivo remanescente, ou seja, somos treinados para julgar os homens como "melhores" do que realmente são".[27] Psicologicamente, a maioria das pessoas é forçada a viver acima das suas possibilidades. A guerra põe a nu os desafios, remove "os sedimentos da cultura recente e faz reaparecer em nós o homem original".[28]

O ser humano, convencido da sua própria imortalidade, se esforça a pôr de lado a morte. Ao mesmo tempo, deseja inconscientemente a morte daqueles que o aborrecem e que são, por vezes, os mais próximos, as pessoas que ele ama. A humanidade teria desaparecido há muito tempo se esses desejos não tivessem sido reprimidos.

26 FREUD, Sigmund (1915). *Actuelles sur la guerre et sur la mort*. OC, vol. 13, p. 134.

27 FREUD, Sigmund (1915). *Actuelles sur la guerre et sur la mort*. OC, vol. 13, p. 136.

28 FREUD, Sigmund (1915). *Actuelles sur la guerre et sur la mort*. OC, vol. 13, p. 154.

A dificuldade em compreender a pulsão de morte reside no fato de que ela se esconde atrás de Eros, com o qual se alia voluntariamente: "só a adivinhamos atrás de Eros como um resquício".[29] E Freud cita o *Fausto* de Goethe, onde o demônio define claramente o seu inimigo: "não o sagrado, o bem, mas a força procriadora da natureza". A pulsão de morte está, de qualquer modo, "batizada" pelo diabo. Rela reflete uma procura de paz, do fim do sofrimento associado à vida. O regresso ao inanimado, à "paz do cemitério", constitui um apaziguamento. "Por que é que não morri desde o ventre?", grita Jó. Mesmo que não saibamos nada sobre ela,

> a morte, na ficção poética imaginada por Freud, constitui um objeto de desejo paradoxal e, portanto, exemplar: é o objeto de desejo que, em última análise, nos liberta do desejo. Ela é, nos dois sentidos do termo, o fim do nosso sofrimento.[30]

No princípio é o sofrimento. O nascimento, o sofrimento, o desejo de restaurar esse momento em que estávamos em fusão com o mundo materno – o mundo em geral –, o momento em que nasce a separação, e

29 FREUD, Sigmund (1930). *Le Malaise dans la culture*. Paris: PUF, 1995, p. 63.

30 PHILLIPS, Adam (2005). *La Mort qui fait aimer la vie*: Darwin et Freud. Paris: Payot, p. 136.

daí a angústia, o desejo de "restabelecimento do narcisismo ilimitado",[31] o passado fusional, o autismo primitivo feliz, o mergulho voluptuoso que precede o choque do nascimento. Talvez possamos perceber um eco longínquo disso no "sentimento oceânico"[32] contíguo ao sofrimento e à beleza, que evoca o sublime, a poesia, o infinito, o divino, e que, por vezes, se apodera dos nossos corações? O nosso desejo primordial e suicida é o de nos desintegrarmos a nós próprios e ao mundo. Mas com o amor da nossa mãe, que está lá para nos salvar, vem uma outra angústia, a da separação, da perda de um objeto. E a essa angústia de perda responde o amor consolador do outro. Pouco a pouco, nessa dinâmica infinita – porque ao "mais" de consolo responde o "mais" de angústia –, se constrói a obrigação de viver, sob a forma de educação e cultura.

No seu livro sobre a psicanálise das origens da vida sexual, Sandor Ferenczi[33] evoca "*a regressão talassal*,

31 FREUD, Sigmund (1930). *Le Malaise dans la culture*. Paris: PUF, 1995, p. 14.

32 Freud tinha enviado a Romain Rolland um exemplar de *O Futuro de uma Ilusão. Em* 5 de dezembro de 1927, Rolland escreve-lhe: "a sua análise das religiões está correta. Mas eu teria gostado de o ver analisar o *sentimento religioso* espontâneo ou, mais precisamente, *a sensação* religiosa (...). Quero com isto dizer (...) o fato simples e direto da *sensação do eterno* (que pode muito bem não ser eterno, mas simplesmente sem limites perceptíveis, e como que oceânico)" (OC, vol. 18, p. 143). Em 14 de julho de 1929, Freud pede-lhe autorização para utilizar a sua noção de "sensação oceânica" em *O Mal-Estar na Cultura*.

33 Membro do "comitê secreto" que reunia os discípulos mais fiéis de Freud a partir de 1912, Ferenczi distanciou-se da ortodoxia freudiana na década de 1920.

ou seja (...) a ideia de um desejo de regresso ao oceano abandonado na Antiguidade",[34] que Norman Brown interpreta como "o desejo de regresso ao ventre materno, a incapacidade de aceitar a individualidade da vida, o instinto mórbido de morrer".[35] Marcuse e Norman Brown associam a pulsão de morte ao Nirvana, essa "terrível convergência do prazer e da morte",[36] o prazer do repouso, do regresso ao estático no fim da tensão. O encaminhamento para a morte é uma fuga inconsciente para escapar à dor e à escassez, companheiras constantes do ser humano ao longo do processo civilizacional.

Por conseguinte, vivemos, aceitamos viver, sem que esta pulsão subterrânea de morte tenha desaparecido. Arde dentro de nós, convertida em inclinação para a destruição e a agressão. Não gostamos de mencionar, diz Freud, "a inclinação inata do humano para o 'mal', para a agressão, para a destruição e, portanto, também para a crueldade":[37] "a inclinação para a agressão é um impulso humano original e autônomo".[38] Ela é filha da

34 FERENCZI, Sandor. (1924). *Thalassa*: psychanalyse des origines de la vie sexuelle. Paris: Payot, 1962, p. 90.

35 BROWN, Norman O. (1959). *Life against death*: the psychoanalytical meaning of history. Middletown: Wesleyan University Press; *Éros et Thanatos*. Paris: Denoël, 1972, p. 358.

36 MARCUSE, Herbert (1955). *Eros et civilisation*. Paris: Minuit, 1963, p. 34.

37 FREUD, Sigmund (1930). *Le Malaise dans la culture*. Paris: PUF, 1995, p. 62.

38 FREUD, Sigmund (1930). *Le Malaise dans la culture*. Paris: PUF, 1995, p. 64.

pulsão de morte, e contra ela luta a pulsão de vida, a cultura, que conduz a luta vital da espécie humana:

> A verdadeira realidade por detrás de tudo isto, e voluntariamente negada, é que o homem não é um ser gentil, necessitado de amor, que, quando muito, seria capaz de se defender quando atacado, mas que, pelo contrário, conta justamente entre as suas aptidões impulsivas uma inclinação muito forte para a agressão. Consequentemente, o seu vizinho não é apenas um possível ajudante e objeto sexual para ele, mas também uma tentação para satisfazer a sua agressão sobre ele, para explorar a sua força de trabalho sem compensação, para o usar sexualmente sem o seu consentimento, para se apoderar do que ele possui, para o humilhar, para lhe causar dor, para o martirizar e para o matar.[39]

Pode-se dizer que a grande inteligência, ou a grande força, da pulsão de vida na sua luta contra a pulsão de morte é desviá-la, utilizar a sua energia para explorar e destruir a natureza, em benefício da humanidade – essa palavra "desviar" refere-se, como voltaremos a referir, ao princípio do investimento e da acumulação capitalista. Mas se assim for, somos obrigados a admitir a hipótese de que um princípio de morte está incorporado na própria estrutura e substância de todo o esforço

39 FREUD, Sigmund (1930). *Le Malaise dans la culture*. Paris: PUF, 1995, pp. 53/54.

humano construtivo. Por essa razão, o "progresso" reprime e utiliza forças cada vez mais destrutivas.

A pulsão de vida está no indivíduo, levando-o a se unir a outros para assegurar a sobrevivência da espécie, e se situa imediatamente num outro plano, o da vida social, da cultura, da coletividade. Ela faz parte do coletivo. Manifesta-se na lei, no "não matarás". Como assassino, sou contrariado pela cultura, que apazigua e reconcilia e me remete ao amor, ao dever de amar. Indivíduo (morte), coletividade (vida), tudo correria mal no pior dos mundos, para dizer o mínimo, as forças da vida se oporiam às da morte, e poderíamos pensar que a coletividade, a lei e o superego triunfariam sempre sobre os indivíduos, mas, infelizmente, surgem dois grandes problemas. O primeiro é – como o evocamos quando associamos o princípio da morte ao do Nirvana – que essa pulsão de morte e de destruição nos apazigua e nos dá um vislumbre de felicidade. Com o seu conteúdo sádico e erótico, nos dá uma satisfação extraordinária:

> mas mesmo quando ela ocorre sem um objetivo sexual, inclusive a raiva destrutiva mais cega, não podemos ignorar o fato de que a sua satisfação está ligada a um gozo narcísico extraordinariamente elevado, porque faz com que o ego veja os seus antigos desejos de onipotência realizados.[40]

40 FREUD, Sigmund (1930). *Le Malaise dans la culture*. Paris: PUF, 1995, pp. 63/64.

O sadismo, que está firmemente enraizado na pulsão de morte, é "uma dessas combinações particularmente fortes da pulsão de amor com a pulsão de destruição".[41] O masoquismo é um sadismo narcísico. No masoquismo, esse amor-destruição está virado para si próprio, para o interior de si próprio. Há, portanto, um prazer na destruição. O sofrimento e o prazer, provocados ou vividos, andam de mãos dadas.

O segundo problema é a psicologia das massas, que pode ser bastante mortal. As pessoas vivem juntas – "por medo da noite", para afugentar as suas angústias, mas a sua comunidade nunca é pacificada. É uma mistura química instável que pode se tornar destrutiva. De fato, a pulsão de vida coletiva deve conter constantemente a pulsão de morte individual, que também se pode combinar para formar uma pulsão coletiva destrutiva. E é aqui que entram o problema econômico e o capitalismo.

O RECALQUE E O PRINCÍPIO DE REALIDADE

Freud adotou dois conceitos fundamentais da economia: a escassez e o desvio. Mas eles não foram os únicos. Tal como a psicologia está onipresente na obra de Keynes, a economia ocupa um grande espaço na obra de Freud. Ele escreve, por exemplo:

41 FREUD, Sigmund (1930). *Le Malaise dans la culture*. Paris: PUF, 1995, p. 61.

> A felicidade, no sentido moderado em que ela é reconhecida como possível, é um problema de economia libidinal individual. (...) Tal como o comerciante prudente evita colocar todo o seu capital num único investimento, a sabedoria da vida pode também desaconselhar que se espere a satisfação de uma única tendência.[42]

Carência, escassez, necessidade: essa é a equação que os economistas desvendam. A solução que propõem reside na produção, na acumulação, na distribuição e no consumo. Freud coloca a questão de forma um pouco diferente. O ser humano, que sob a lei do princípio do prazer não é mais do que um feixe de impulsos animais, se confronta com a necessidade, ou seja, com o mundo exterior. Aprende a reprimir o prazer, cujo puro transbordamento levaria à morte, e descobre a utilidade e a razão. Ele descobre o princípio da realidade.

Cerca de dez anos antes da ideia de pulsão de morte, Freud colocou em cena uma outra dupla de conceitos: Lustprinzips/Realitätprinzips, "princípio de prazer/princípio de realidade". A primeira manifesta-se "na teimosia com que nos agarramos às fontes de prazer disponíveis e na dificuldade com que as abandonamos".[43] O princípio do prazer é imediato, regulando automaticamente

42 FREUD, Sigmund (1930). *Le Malaise dans la culture*. Paris: PUF, 1995, pp. 26/27.

43 FREUD, Sigmund (1911). "Formulation sur les deux principes de l'advenir psychique". OC, vol. 11, p. 16.

o fluxo dos processos psíquicos. Ele domina o comportamento de um bebê no seio da sua mãe.

Gradualmente, através da educação e de outros meios, aprendemos adomá-lo, a superá-lo, substituindo-o pelo princípio da realidade. Ao adiar ou inibir o princípio da satisfação imediata, esse princípio permite adaptar-se à realidade exterior. Mas o princípio do prazer não desaparece por isso, mesmo que nos digam para renunciar a ele. A renúncia aos prazeres terrenos imposta pelas religiões, por exemplo, está ligada à promessa de felicidade eterna. Em economia, a renúncia ao consumo imediato permite consumir mais no futuro; é essa a definição do investimento, que nos obriga a renunciar à destruição imediata, o consumo, e nos permite adiar um ato, um consumo futuro maior. Trata-se de adiar a destruição presente em favor de uma maior destruição futura; de limitar a pulsão de morte agora, para permitir que ela se exprima com mais força mais tarde.

Freud escreve que essa "tendência geral do nosso aparelho psíquico", que é a relação entre o princípio do prazer e o princípio da realidade, pode ser comparada "ao princípio econômico da poupança das despesas".[44] O princípio de realidade aplicado à economia é um princípio de racionalização, de introdução do futuro e do investimento na vida, de recusa do presente a favor do futuro:

44 FREUD, Sigmund (1911). "Formulation sur les deux principes de l'advenir psychique". OC, vol. 11, p. 16.

> É assim que essas células germinativas se opõem à morte da substância viva e aceitam conquistar para ela o que nos deve parecer uma imortalidade potencial, mesmo que isso talvez signifique apenas um alongamento do caminho para a morte.[45]

O alongamento do caminho são os desvios da produção. O desvio da produção é a acumulação. Assim, os impulsos são desviados dos seus objetivos. A civilização começa quando o objetivo primordial, a satisfação completa das necessidades, é abandonado.

Essa relação homotética entre a psicanálise e a economia não podia deixar de fascinar Keynes. A necessidade infinita – a insaciabilidade do princípio do prazer e das pulsões – confrontada com a escassez da natureza já foi descrita pela economia política. O que a economia diz em termos de racionalidade e de oferta e procura, a psicanálise dirá em termos de repressão e da dinâmica perpétua entre o princípio do prazer e o princípio da realidade. A eterna luta pela existência é uma luta contra a penúria. A penúria proíbe a satisfação desenfreada das necessidades (economia) e das pulsões instintivas (psicanálise):

> O motor da sociedade humana é, em última instância, econômico; uma vez que não dispõe de alimentos suficientes para sustentar os seus membros sem que estes

45 FREUD, Sigmund (1920). *Au-delà du principe de plaisir*. OC, vol. 15, p. 312.

> trabalhem, deve limitar o número dos seus membros e orientar as suas energias da atividade sexual para o trabalho.[46]

No centro da visão de Freud está uma dinâmica econômica em que as pulsões são constantemente reprimidas pela gestão da escassez. O princípio de realidade deve ser constantemente restabelecido. A sociedade se encarrega disso. Nasce a cultura e o direito. Estarão eles manchados pelo assassinato do pai narrado em *Totem e Tabu*, que faria da cultura um imenso processo de repressão e de culpabilização? Sem dúvida. O ser humano é reprimido desde a primeira infância, e o crescimento da civilização, desde a horda primitiva até a sociedade atual, traz consigo a culpa. O ser humano reprime a sua pulsão de morte, com a promessa de satisfazê-la mais tarde, de forma amplificada.

Para a maior parte dos economistas, poupar significa abster-se de consumir, de satisfazer necessidades, e investir significa desviar o trabalho da produção imediata de bens de consumo para acumular capital. Assim, a repressão das necessidades, a recusa em satisfazê-las imediatamente, torna possível a poupança, e o desvio da produção, a utilização da energia e do trabalho para a acumulação de capital, torna possível o investimento. O reforço dos desvios da produção, da divisão do trabalho, da acumulação de capital, do progresso da

46 FREUD, Sigmund (1916-1917). *Introduction à la psychanalyse*. OC, vol. 14, p. 322.

tecnologia e da produção conduz à intensificação da destruição da natureza.

Para Freud, se trata do desvio da pulsão de morte. O desvio da destruição primária do ego para o mundo exterior alimenta o progresso tecnológico. Quanto maior for a repressão da pulsão de morte, quanto maior for a sublimação da libido no trabalho, quanto maior for a repressão das tendências mórbidas, mais poderosa será a técnica e maior será a acumulação. Isto exige duas observações. O ser humano ataca a natureza;[47] ou, para o dizer como Marcuse: "assim, através da destruição tecnológica construtiva, através da violação construtiva da natureza, os instintos continuam a agir com o objetivo de destruir a vida".[48]

A pulsão de morte persegue o seu objetivo, mas é constantemente atrasada, desviada na sua busca, pela pulsão de vida, e os desvios tornam-se cada vez maiores. Em economia, esse desvio na produção assume a forma de acumulação de capital. Quanto mais longos forem os desvios da produção, mais tempo é necessário para atingir a produção final, mais tempo é gasto no processo de produção, mais pessoas e máquinas são excluídas do processo de mercado e do consumo para participar

47 FREUD, Sigmund (1930). *Le Malaise dans la culture*. Paris: PUF, 1995, p. 20.

48 MARCUSE, Herbert (1955). *Eros et civilisation*. Paris: Minuit, 1963, p. 83.

do investimento, maior será a acumulação.[49] Da mesma forma, o desvio da pulsão de morte permite uma acumulação mais intensa de capital. Para adiar o momento fatal, acumulamos. Acumulamos para chegar à morte o mais tarde possível.[50] Mas toda essa energia mortal que constrangemos e acumulamos aspira a um único destino: ser libertada. Hoje, na era da globalização financeira e de um capitalismo cada vez mais desenfreado e desregulado, as restrições perpétuas impostas a Eros enfraquecem gradualmente a pulsão de vida e libertam, tal como uma central atômica que sofreu um vazamento, as próprias forças contra as quais foi chamada a reforçar – as forças de destruição. Para Marcuse, "os campos de concentração, os genocídios, as guerras mundiais e as bombas atómicas não são recaídas na barbárie, mas os resultados desenfreados das conquistas modernas da tecnologia e da dominação":[51]

49 Os economistas da escola austríaca, de Böhm-Bawerk a Hayek, desenvolveram uma teoria do investimento considerada como. No entanto, para Hayek, se o investimento, estimulado por taxas de juro excessivamente baixas, for demasiado elevado em relação à disponibilidade dos agentes para poupar, a economia caminha inevitavelmente para uma crise, causada pelo sobre-investimento. Para Keynes, pelo contrário, é o subinvestimento que está na origem da crise. Ver DOSTALER, Gilles (2001). *Le Libéralisme de Hayek*. Paris: La Découverte.

50 No próximo capítulo, veremos Keynes desenvolver um conceito estritamente análogo do impulso para acumular.

51 MARCUSE, Herbert (1955). *Eros et civilisation*. Paris: Minuit, 1963, p. 16.

> o fato de a destruição da vida humana e animal ter progredido ao mesmo tempo que a civilização, de a crueldade, o ódio e o extermínio científico da humanidade se terem desenvolvido ao mesmo tempo que as possibilidades reais de eliminar a opressão (...) diz-se que este fato tem raízes instintivas que perpetuam a destrutividade para além de qualquer racionalidade.[52]

Criado durante a Guerra dos Bôeres graças à invenção do arame farpado, depois aperfeiçoado e modelado na fábrica da Alemanha de Hitler e da URSS stalinista, o campo de concentração é um dos resultados do progresso técnico.

O capitalismo é o momento da civilização humana em que o tempo é sistematicamente consagrado ao aumento da produtividade e da acumulação, ou seja, em que o tempo humano é consagrado à "dilatação" do tempo humano. Neste mundo, Aquiles corre atrás da tartaruga, mas tudo é feito para que nunca a alcance. Alcançar a tartaruga significaria o fim do tempo capitalista, o momento em que a morte triunfaria. A cultura trabalha para "dilatar" o tempo. Atrasa a morte, alongando o caminho. A preocupação com a perspectiva, com o futuro, com a dilatação do tempo, é o oposto do *carpe diem*, o tempo que aproveitamos. Aproveitar o seu tempo não é acumulá-lo.

52 MARCUSE, Herbert (1955). *Eros et civilisation*. Paris: Minuit, 1963, pp. 83/84.

O capital é um desvio temporal que exclui o gozo. A pulsão de morte, por outro lado, é o gozo imediato da aniquilação. Um economista chamou à pulsão de vida "crescimento", que é a negação da escassez. É porque a economia só existe através da escassez que as utopias, seja a de Thomas Morus, seja a de Karl Marx, prometiam a abundância para finalmente ultrapassar o problema econômico. Em *Perspectivas Econômicas para Nossos Netos*, Keynes explica como o problema econômico será ultrapassado e se une, assim, à utopia de Marx, a quem não deixa de ser alérgico.

A pulsão de vida leva a uma luta coletiva pela sobrevivência, uma luta contra a escassez, dando origem a noções de falta, ansiedade, perda e sofrimento. A primeira veio de nós mesmos, de nossa mera existência, "do próprio corpo (...) condenado à decadência e à dissolução";[53] ela criou nosso desejo de morte e de um retorno ao inorgânico. A terceira fonte de sofrimento, e talvez a que sentimos mais dolorosamente, vem das "relações com outros homens".[54] O inferno são as outras pessoas.[55] Mas é a segunda que é importante aqui: a falta, a escassez, incentivou o surgimento da técnica.

53 MARCUSE, Herbert (1955). *Eros et civilisation*. Paris: Minuit, 1963.

54 MARCUSE, Herbert (1955). *Eros et civilisation*. Paris: Minuit, 1963.

55 Na sequência dessa frase célebre, Jean-Paul Sartre dedicou a Flaubert uma obra imensa e vertiginosa, na qual utiliza amplamente a noção freudiana de pulsão de morte: "a morte, parasita da vida, é o que convém a Flaubert" [SARTRE, Jean-Paul (1988). *L'ldiot de la famille*: Gustave Flaubert de 1821 à 1857. vol. 1. Paris: Gallimard, p. 227].

A TÉCNICA, OU COMO PARECER COM DEUS

Contra a escassez, recorremos ao fogo, à casa, à carne salgada, em suma, à técnica: "como membro da comunidade humana, atacamos a natureza com a ajuda da técnica guiada pela ciência e submetemos a natureza à vontade humana".[56] Mas esse objetivo nunca poderá ser plenamente alcançado: "nunca dominaremos perfeitamente a natureza; o nosso organismo, ele próprio uma parte da natureza, permanecerá sempre uma formação transitória, limitada na sua adaptação e desempenho".[57] A técnica reduz a escassez e atenua a nossa ansiedade, mas a que preço! A cultura nos restringe, nos ameaça, nos angustia em nome da luta contra a angústia:

> Nos deparamos com uma afirmação tão surpreendente que vamos parar por aqui. De acordo com ela, o que chamamos de cultura é o principal responsável por nossa miséria; seríamos mais felizes se a abandonássemos e voltássemos às condições primitivas.[58]

A técnica é parte integrante da cultura: "para recuarmos o suficiente, os primeiros atos culturais foram a

56 FREUD, Sigmund (1930). *Le Malaise dans la culture*. Paris: PUF, 1995, p. 20.

57 FREUD, Sigmund (1930). *Le Malaise dans la culture*. Paris: PUF, 1995, p. 29.

58 FREUD, Sigmund (1930). *Le Malaise dans la culture*. Paris: PUF, 1995, p. 29.

utilização de ferramentas, a domesticação do fogo e a construção de habitações".[59] O ser humano acreditava que a tecnologia podia libertá-lo das suas ansiedades. Acumulou o suficiente para viver. Ele vive mais tempo, com a expectativa de vida aumentando cada vez mais. Os progressos da medicina e da reabilitação lhe dão mais anos de vida do que davam aos seus pais. É certo que esses anos não se situam entre os vinte e os vinte e um anos; somam oitenta anos de vida. Para muitos, são anos difíceis, muitas vezes os mais difíceis da sua vida. No entanto, a questão da felicidade não foi resolvida pelo progresso técnico:

> Gostaríamos de dizer que o desígnio de que o homem seja "feliz" não está contido no plano da "criação" (...). Assim, as nossas possibilidades de felicidade já estão limitadas pela nossa constituição. Há muito menos dificuldade em experimentar a infelicidade.[60]

59 FREUD, Sigmund (1930). *Le Malaise dans la culture*. Paris: PUF, 1995, p. 33.

60 FREUD, Sigmund (1930). *Le Malaise dans la culture*. Paris: PUF, 1995, pp. 18/19. A tradução da primeira parte dessa passagem, retirada das *Obras Completas* de Freud, é ambígua. A tradução mais antiga de Ch. e J. Odier, publicada em 1934 sob o título *Malaise Dans la Civilisation*, na *Revue française de psychanalyse* (vol. 7, nº 4) é mais clara: "é tentador dizer que não faz parte do plano da 'Criação' que o ser humano seja 'feliz'" (p. 16 da versão digital do sítio *Les classiques des sciences sociales*, dirigido por Jean-Marie Tremblay).

A felicidade não é uma ideia nova e muito menos uma ideia coletiva.

O fato é que aumenta enormemente a produtividade humana através da técnica que responde às suas necessidades e desejos de felicidade. Parece que nos encontramos numa eterna luta entre a infelicidade e a técnica. Esta última existe, por um lado, para satisfazer o nosso princípio de prazer, que exige que nos tornemos felizes, favorecendo "seja o conteúdo positivo do alvo, o ganho de prazer, seja o conteúdo negativo, a evitação do desprazer";[61] por outro lado, para nos ajudar a suportar o sofrimento que o nosso próprio corpo nos dá, "a caducidade do nosso corpo".[62] Nas economias modernas, as despesas com a saúde e a educação absorvem uma parte muito importante do produto interno bruto. Pode se dizer que a maior despesa do capitalismo moderno é com os cuidados de saúde, a reparação dos corpos e a assistência aos idosos. Em terceiro lugar, a técnica existe para nos ajudar a lutar contra "a natureza avassaladora",[63] outra fonte do nosso sofrimento.

Nunca dominaremos a natureza, mesmo que a transformemos em lixo. Ela estará sempre presente, mesmo que os nossos progressos em termos de produtividade

61 FREUD, Sigmund (1930). *Le Malaise dans la culture*. Paris: PUF, 1995, p. 26.

62 FREUD, Sigmund (1930). *Le Malaise dans la culture*. Paris: PUF, 1995, p. 29.

63 FREUD, Sigmund (1930). *Le Malaise dans la culture*. Paris: PUF, 1995, p. 29.

atestem a nossa luta incansável contra ela: "o ser humano tornou-se uma espécie de deus protético, verdadeiramente grandioso quando veste todos os seus órgãos auxiliares [os órgãos da técnica]".[64] Os grandes progressos da humanidade permitiram ao homem voar, nadar, ver para além da visão, comunicar à distância, conservar os sons e as imagens do passado, e isso, diz Freud, não vai parar em 1930: "no domínio da cultura, tempos longínquos trarão novos progressos cuja extensão não podemos imaginar, aumentando ainda mais a semelhança com Deus".[65] O ser humano inicia o caminho do progresso para aperfeiçoar os seus órgãos por meio de próteses. No mundo dos esportes, como no da política e, sem dúvida, em muitos outros, os apoios legais e ilegais fazem desaparecer os limites do desempenho. A acumulação de capital é a aproximação infinitamente atrasada a Deus. Essa aproximação assimptótica a Deus[66] cobre o nosso desejo de eternidade, esse desejo de adiar a morte, que submeteu o ser humano ao tempo nas sociedades ocidentais de uma forma muito particular. As pessoas ganham tempo. Ao contrário da pulsão de morte, a cultura e a tecnologia respondem ao seu desejo

64 FREUD, Sigmund (1930). *Le Malaise dans la culture*. Paris: PUF, 1995, pp. 34/35.

65 FREUD, Sigmund (1930). *Le Malaise dans la culture*. Paris: PUF, 1995, p. 35.

66 Ver MARIS, Bernard (2006). *Antimanuel d'économie*, 2: Les Cigales. Rosny-sous-Bois: Bréal, pp. 297/298.

de eternidade, "mas o homem de hoje não se sente feliz na sua semelhança com Deus".[67]

A utilização sistemática da técnica como veículo de progresso distingue o capitalismo de outros períodos da civilização. A tendência de impor uma contribuição puramente instrumental à tecnologia e à ciência obscurece a relação entre ciência e verdade. Freud não acreditava que houvesse uma ruptura essencial entre a nova sociedade industrial e a antiga, essencialmente rural. A ruptura seria entre os coletadores-caçadores e os acumuladores, agricultores, citadinos e comerciantes e, depois, industriais. Os primeiros viviam na abundância, os segundos, na escassez. Há, no entanto, uma diferença entre a sociedade rural e a cidade, o que deu origem ao capitalismo: esta última só pode viver de excedentes. A Revolução Industrial, possibilitada pela existência de grandes excedentes agrícolas, inaugurou uma nova era de crescimento ininterrupto da produtividade humana, em que a ciência passa a ser tecnociência.

GLOBALIZAÇÃO E ACUMULAÇÃO

Para Freud, o indivíduo e o coletivo são dois conceitos intimamente ligados. O mesmo acontece com Keynes, que discorda da maioria dos economistas que acreditam

67 MARIS, Bernard (2006). *Antimanuel d'économie*, 2: Les Cigales. Rosny-sous-Bois: Bréal.

que o coletivo seja apenas a soma das individualidades. O indivíduo de Freud, tal como o de Keynes, é desde o início um ser coletivo, que nasce e cresce através da linguagem. Sem a linguagem, o homem seria inferior ao seu primo, o macaco. Mas, ao mesmo tempo, o homem não é apenas um ser coletivo, caso contrário funcionaria como um cupinzeiro. Não teria mais autonomia do que as formigas ou as abelhas, as quais não têm mais autonomia do que as células do corpo humano, embora não seja impossível que a espécie humana esteja caminhando para uma organização semelhante à dos cupins:

> É muito provável que alguns deles [animais] – abelhas, formigas, cupins – tenham lutado durante milénios até encontrarem esta distribuição de funções, esta restrição de individualidades que hoje admiramos neles.[68]

O ego é angustiado, agressivo e autodestrutivo. Entra em conflito com o coletivo, que o protege em nome da autoridade. Porém, protegendo-o da angústia, ele o angustia ainda mais. Os economistas conhecem bem o efeito bola de neve, a bolha financeira e a especulação que é sustentada: se especula contra a especulação (assegurando-se nos mercados de cobertura de risco, por exemplo) e, ao fazê-lo, se especula ainda mais. A angústia gera mais angústia. Na circulação do capital, tal como

68 FREUD, Sigmund (1930). *Le Malaise dans la culture*. Paris: PUF, 1995, p. 65. A observação de Freud é semelhante à metáfora da gaiola de ferro de Weber, ou ao *Admirável Mundo Novo*, de Aldous Huxley.

Marx a vê, o dinheiro gera sempre mais dinheiro. O indivíduo é arrastado por essa dinâmica, que assume a forma daquilo a que hoje chamamos globalização.

O destino da espécie humana é criar entidades cada vez maiores: "uma das principais tendências da cultura é aglomerar pessoas em grandes unidades".[69] Essas grandes unidades são relativamente estáveis, mas, por vezes, se chocam umas com as outras. A tendência inelutável da tecnologia é homogeneizar o mundo,[70] uma tendência que atingiu agora o seu paroxismo. Hoje, o menor homicídio privado na menor família da menor aldeia da Sicília pode suscitar uma emoção coletiva em Paris. Estamos totalmente unidos pela informação, que continua a ser uma manifestação incansável da razão, da razão que faz a opinião e o sentido do mundo.

Para o Freud de *Totem e Tabu*, a formação de grupos também encerra tendências mórbidas. Como diz Brown "a sociabilidade é uma doença (...). A história é feita, não por indivíduos, mas por grupos (...). Do ponto de vista psicanalítico, é intrínseco afirmar o carácter mórbido da sociabilidade humana (...)".[71] Isso permite

69 FREUD, Sigmund (1930). *Le Malaise dans la culture*. Paris: PUF, 1995, p. 46.

70 A homogeneização, a mercantilização e a unificação do mundo são temas altermundialistas, mas não há nada de novo sob o sol. Marx e Weber já tinham evocado o "planeta uniforme", e, mais tarde, Polanyi e Keynes.

71 BROWN, Norman O. (1959). *Life against death*: the psychoanalytical meaning of history. Middletown: Wesleyan University Press; *Éros et Thanatos*. Paris: Denoël, 1972, pp. 132/133.

a Brown, com uma ponta de ironia, negar a individualidade: "se a morte dá individualidade à vida, e se o ser humano é o organismo que reprime a morte, então o ser humano é o organismo que reprime sua própria individualidade".[72] O nosso orgulho leva um golpe: "os lírios do campo possuem essa individualidade porque não pensam no amanhã, mas a nós ela nos falta".[73] Freud não diz nada diferente.

> Essa substituição do poder do indivíduo pelo da comunidade é o passo cultural decisivo. A sua essência consiste no fato de os membros da comunidade se limitarem nas suas possibilidades de satisfação, ao passo que o indivíduo isolado não conhecia tal limite. (...) A liberdade individual não é um bem cultural.[74]

Nem Freud nem Keynes acreditavam na autonomia do indivíduo, uma fábula de que os economistas se apoderaram. O indivíduo está imerso na multidão, inquieto, frustrado, insaciável, sobre a qual paira

72 BROWN, Norman O. (1959). *Life against death*: the psychoanalytical meaning of history. Middletown: Wesleyan University Press; *Éros et Thanatos*. Paris: Denoël, 1972, p. 132.

73 BROWN, Norman O. (1959). *Life against death*: the psychoanalytical meaning of history. Middletown: Wesleyan University Press; *Éros et Thanatos*. Paris: Denoël, 1972, p. 132. Não é impossível que Brown tenha tomado emprestada essa descrição do lírio do campo a Keynes, que se refere a ele em "Economic Prospects for our Grandchildren" num tom semelhante.

74 FREUD, Sigmund (1930). *Le Malaise dans la culture*. Paris: PUF, 1995, pp. 38/39.

esta imensa pressão cultural, este movimento ilimitado de acumulação, que se realiza em detrimento das pulsões.[75] O trabalho cultural força os homens a sublimar seus impulsos, diz Freud, porque o que o ser humano "consome para fins culturais é, em grande parte, das mulheres e da vida sexual que ele as obtém".[76] Ele a obtém "pelo fato de estar constantemente com os homens".[77] A cultura

> se curva à restrição da necessidade econômica, pois precisa retirar da sexualidade uma grande quantidade da energia psíquica que ela mesma consome. A cultura se comporta em relação à sexualidade como uma tribo ou camada da população que submeteu uma outra à sua exploração.[78]

Ela a transforma em trabalho, do qual emerge por vezes, é certo, a arte e seu dulçor – "a doce narcose em que a

75 Depois de Freud, Reich, Fromm, Marcuse e Habermas contam-se entre os principais pensadores que examinaram as relações entre o progresso e o processo de repressão sexual.

76 FREUD, Sigmund (1914). "Pour introduire le narcissisme". OC, vol. 12, p. 46.

77 Lia disse ao Anjo em *Sodoma e Gomorra* que "os homens inventaram a guerra para estar sem nós e entre os homens" [GIRAUDOUX, Jean (1951). *Sodome et Gomorrhe*. Paris: Grasset, p. 130].

78 FREUD, Sigmund (1930). *Le Malaise dans la culture*. Paris: PUF, 1995, p. 47.

arte nos mergulha".[79] A pulsão de morte está assim intimamente associada à repressão sexual na aventura da civilização. A mistura é obviamente explosiva.

É uma lei muito peculiar a do capitalismo, que, para matar o fogo das pulsões, lança nele a palha dos objetos! A incapacidade de conceber um limite, típica do infantilismo, está no coração do capitalismo. Por que desejamos tantos objetos? Por que somos insaciáveis? Pela libido narcísica: "o próprio ego está investido de libido (...). Essa libido narcísica se volta para os objetos, tornando-se libido objetal, e pode se transformar de novo em libido narcísica".[80] O capitalismo alimenta o fogo dessa libido com combustível. Ele acrescenta de maneira incansável objetos e mais objetos, como se a profusão de objetos pudesse sufocar a violência.

Ao indivíduo violento (o adjetivo é muito utilizado por Freud) é proposto um crescimento que, por definição, só pode ser ilimitado: "acumulai, acumulai! É a lei e os profetas. (...) Acumular por acumular, produzir por

79 FREUD, Sigmund (1930). *Le Malaise dans la culture*. Paris: PUF, 1995, p. 24.

80 FREUD, Sigmund (1930). *Le Malaise dans la culture*. Paris: PUF, 1995, p. 60. Sobre o narcisismo, veja-se FREUD, Sigmund (1914). "Pour introduire le narcissisme". OC, vol. 12, p. 218, um texto que desconcertou os seus discípulos e sobre o qual James Strachey disse que Freud escreveu sob a pressão de uma necessidade interna, como parte da sua luta contra a dissidência de Adler e Jung: "o narcisismo, nesse sentido, não seria uma perversão, mas o complemento libidinal do egoísmo da pulsão de autopreservação, uma porção da qual é justamente atribuída a todo o ser vivo". Introduziu pela primeira vez o conceito de narcisismo numa conferência à Sociedade Psicanalítica de Viena, em 10 de novembro de 1909.

produzir, eis a palavra de ordem da economia política que proclama a missão histórica do período burguês".[81] Mas essa acumulação capitalista é particularmente perversa. Ela pretende pacificar as pessoas satisfazendo as suas necessidades e, ao mesmo tempo, satisfaz os impulsos brutos da temperança individual e não coletiva. O capitalismo transformou a cultura de modo que esta se adapte às necessidades dos indivíduos, lisonjeando-os e exacerbando-os a um nível sem precedentes. A publicidade e os meios de comunicação social mantêm o culto da insaciabilidade e do novo. Nunca, desde a passagem das sociedades pastoris-coletoras para as sociedades camponesas, a constituição de estoques, a domesticação de animais, a acumulação de excedentes e a tecnologia destinada a combater a escassez estabilizaram as sociedades. Pelo contrário, conduziram-nas a uma espiral, a um frenesi acumulador, em que as necessidades são cada vez maiores e cada vez mais insatisfeitas. Daí a frustração e a imensa desordem das sociedades atuais:

> Uma grande parte da luta da humanidade está concentrada numa única tarefa: encontrar um equilíbrio adequado, isto é, que traga felicidade, entre essas reivindicações individuais e as reivindicações culturais da massa; um dos problemas que compromete o destino da humanidade é saber se esse equilíbrio pode ser

81 MARX, Karl (1867). *Le Capital*: critique de l'économie politique, livre premier – le développement de la production capitaliste. 3 tomos. Paris: Éditions Sociales, 1973, pp. 35/36.

alcançado por uma dada configuração da cultura ou se o conflito impede qualquer reconciliação.[82]

As sociedades "primitivas" tinham o seu equilíbrio. A sua mitologia era sem dúvida suficientemente elaborada para o preservar. Elas ignoravam o sadismo? Evidentemente não, como o atestam os suplícios. A ritualização do sadismo não o atenua. O cuidado com o ambiente não é suficiente para suprimir a violência que deve se exprimir na tortura ou na guerra. E o massacre da natureza pela sociedade capitalista tampouco elimina a tortura e a guerra.

DO NARCISISMO DAS PEQUENAS DIFERENÇAS À SERVIDÃO VOLUNTÁRIA

A lei da coletividade nos proporciona um terceiro e mais terrível sofrimento, depois daqueles ligados à caducidade dos nossos corpos e ao enfrentamento da "natureza invencível". É o sofrimento social, o sofrimento causado pela coletividade e, por extensão, pelos outros: "não queremos de modo algum admiti-lo, não conseguimos ver por que razão os dispositivos criados por nós próprios não podem, em vez disso, ser uma proteção e

82 FREUD, Sigmund (1930). *Le Malaise dans la culture*. Paris: PUF, 1995, p. 39.

um benefício para todos nós".[83] O inferno é a inveja, e inveja é a vida. A vida comunitária está sujeita à lei, mas a lei nunca pode matar a inveja. Os invejosos punem a si mesmos carregando a cruz da inveja. Paradoxo dessa lei capitalista que, para criar equilíbrio e paz, não para de suscitar a inveja!

Porque a pulsão de morte narcísica, a pulsão de autodestruição e de destruição dos outros e de tudo o que nos rodeia, também se manifesta em aversões e repulsões pelos outros. Quando caçam em matilha, os homens que se tornaram lobos odeiam uns aos outros e permanecem lobos para si próprios, mesmo que esse ódio seja temporariamente canalizado para os bodes expiatórios e as vítimas vizinhas:

> Nas aversões e repulsões que, de forma não dissimulada, se manifestam em relação aos estranhos que estão próximos, podemos reconhecer a expressão de um amor-próprio, de um narcisismo que aspira à sua autoafirmação e se comporta como se a presença de um desvio em relação às modalidades da sua conformação individual implicasse uma crítica a estas últimas e um convite para as reconfigurar.[84]

83 FREUD, Sigmund (1930). *Le Malaise dans la culture*. Paris: PUF, 1995, p. 29.

84 FREUD, Sigmund (1921). *Psychologie des masses et analyse du moi*. OC, vol. 16, p. 40.

A autoafirmação pode ir até o assassinato. O que está perto de mim e se assemelha a mim, eu odeio. Na verdade, odeio o meu próximo. É um ódio contra aqueles que nos são próximos, os nossos vizinhos. Por vezes, um ódio comum pode nos unir, nos apoiar numa multidão pronta para o linchamento ou para a guerra:

> Evidentemente, não é fácil para os homens renunciarem a satisfazer a sua inclinação para a agressividade; não se dão bem com isso. Não é de desprezar a existência de uma esfera de cultura mais reduzida – que permita que o impulso encontre uma saída nas hostilidades para com os estranhos. É sempre possível unir uma multidão bastante grande de pessoas no amor, se ao menos sobrarem outros a quem mostrar agressividade.[85]

É assim que povos basicamente muito semelhantes, tanto econômica como culturalmente, lutam entre si até a morte. Os alemães e os franceses são um bom exemplo: "chamei a esse fenômeno de narcisismo das pequenas 'diferenças'".[86] Como disse Freud com o seu humor cínico, o povo judeu "mereceu" muito o narcisismo das pequenas diferenças.[87] Quando um Estado

85 FREUD, Sigmund (1930). *Le Malaise dans la culture*. Paris: PUF, 1995, p. 56.

86 FREUD, Sigmund (1930). *Le Malaise dans la culture*. Paris: PUF, 1995, p. 56.

87 "Depois de o apóstolo Paulo ter feito do amor universal pela humanidade o fundamento da sua comunidade cristã, a extrema

pretende ser universal, como pode fortalecer o seu povo? Odiando os outros, claro. Mas depois de ter dominado os outros? Terá de encontrar algures o cimento da morte: "o sonho de um domínio germânico do mundo exigia o antissemitismo como seu complemento".[88] Na Rússia, o ódio aos burgueses cimentou a revolução, tal como o ódio aos nobres cimentou a Revolução Francesa: "nos perguntamos com preocupação o que farão os soviéticos depois de terem extirpado seus burgueses".[89] Sabemos agora a resposta: exterminaram os seus camponeses, chamados "koulaks", os seus médicos judeus, os seus intelectuais e, finalmente, a si próprios. O extermínio dos judeus europeus, que foi também a autoaniquilação da Europa, é uma ilustração particularmente boa da pulsão de morte. Que fará o capitalismo quando tiver exterminado totalmente a natureza, os peixes e os pássaros? Quem ele vai eliminar? A pergunta causa um arrepio na espinha.

O narcisismo das pequenas diferenças é o ódio secular ao vizinho, ao próximo, do colega de escritório ao colega de trabalho, ao homem que faz fila para comprar pão ou selos como eu e que, de repente, toma o meu

intolerância do cristianismo para com os que ficaram de fora foi uma consequência inevitável" [FREUD, Sigmund (1930). *Le Malaise dans la culture*. Paris: PUF, 1995, p. 57].

88 Freud escreveu essa frase em 1929!

89 FREUD, Sigmund (1930). *Le Malaise dans la culture*. Paris: PUF, 1995, p. 57.

lugar. René Girard fala de "rivalidade mimética".[90] Girard, criticando Freud como "uma espantosa mistura de cegueira e intuição",[91] vê o melhor de Freud nas suas obras mais criticadas, as suas incursões na antropologia, em *Moisés e o Monoteísmo* e, sobretudo, *Totem e Tabu*, ambas dedicadas à violência coletiva e publicadas como prelúdio das duas guerras mundiais.

Totem e Tabu é "uma primeira tentativa da minha parte de aplicar os pontos de vista e os resultados da psicanálise a problemas não resolvidos da psicologia das massas".[92] Partindo de uma tese apresentada por Darwin em *A Descendência do Homem*, Freud coloca a hipótese de que, nos primórdios da humanidade, os homens viviam em pequenas hordas sob o poder despótico de um macho que possuía todas as mulheres. Um dia, os filhos revoltaram-se, mataram e comeram o pai. Sentindo remorsos, e para evitar a repetição da violência coletiva, negaram o seu crime e instituíram a proibição do assassínio e do incesto, origem da ordem social, da religião e do monoteísmo: "as proibições consuetudinárias e morais a que nós próprios obedecemos podem, na sua essência, estar relacionadas com esse

90 As teses de Girard sobre a rivalidade mimética e o bode expiatório foram expostas pela primeira vez em 1972, em *La Violence et le sacré*, e depois desenvolvidas em numerosas obras.

91 GIRARD, René (2004). *Les Origines de la culture*. Paris: Desclée de Brouwer, p. 118.

92 FREUD, Sigmund (1913). *Totem et tabou*. OC, vol. 11, p. 193.

tabu primitivo".[93] Elas mantêm sob controle os desejos reprimidos de incesto e de assassinato do pai. *O Mal-Estar na Cultura* retoma esta ideia: "não podemos escapar à hipótese de que o sentimento de culpa da humanidade provém do complexo de Édipo e foi adquirido quando o pai foi morto pela união dos irmãos".[94] Esta, diz René Girard, é "uma descoberta formidável: ele é o primeiro a afirmar que toda a prática ritual, todo o significado mítico, tem a sua origem num assassinato real",[95] e talvez seja "a única descoberta real de Freud (...) ainda considerada nula e sem efeito".[96] Por trás da rivalidade mimética, da rivalidade em relação ao semelhante, narcisista e especular, estão o ciúme, a inveja, o desejo de monopolizar o que o outro possui, o desejo de simplesmente ferir, mutilar e matar o outro. A frustração e o sadismo estão no cerne da rivalidade mimética.

De um homem que sai da sua caverna e interage com a humanidade e, para sua infelicidade, a confronta, um economista diria: "ele exprime necessidades e, num mundo de escassez, procura satisfazê-las". Freud e Girard respondem: ele deseja o que os outros possuem, porque os objetos só têm valor na medida em que são possuídos

93 FREUD, Sigmund (1913). *Totem et tabou*. OC, vol. 11, p. 224.

94 FREUD, Sigmund (1930). *Le Malaise dans la culture*. Paris: PUF, 1995, p. 74.

95 GIRARD, René (1972). *La Violence et le sacré*. Paris: Hachette, p. 294.

96 GIRARD, René (1972). *La Violence et le sacré*. Paris: Hachette, p. 295.

por outros, e o que os outros fazem ou possuem lhe parece admirável, imitável, de qualquer modo, detestavelmente invejável. O indivíduo não está sozinho perante suas próprias necessidades, mas "na procura voluntária da adversidade de que ele próprio é o arquiteto".[97] De fato, esse indivíduo vai se deparar com "os mais lamentáveis obstáculos humanos".[98] É algo cruel. É a vida econômica, é simplesmente a vida. As pessoas que considero admiráveis e das quais eu desejo o salário, o emprego ou o carro são, de fato, "completas nulidades",[99] e esses desejos elevados ou necessidades nobres são apenas "a preocupação mórbida do outro".[100]

Devemos nos debruçar agora sobre duas palavras caras aos economistas. A primeira é "concorrência". Etimologicamente, estar em concorrência é correr com outros em direção a um mesmo ponto. Podemos imaginar os "cordeiros de Panúrgio",[101] que correm para um destino que desconhecem (o afogamento) e que, ao mesmo

97 GIRARD, René (2002). *La Voix méconnue du réel*: une théorie des mythes archaïques et modernes. Paris: Grasset, p. 131.

98 GIRARD, René (2002). *La Voix méconnue du réel*: une théorie des mythes archaïques et modernes. Paris: Grasset, p. 209.

99 GIRARD, René (2002). *La Voix méconnue du réel*: une théorie des mythes archaïques et modernes. Paris: Grasset, p. 209.

100 GIRARD, René (2002). *La Voix méconnue du réel*: une théorie des mythes archaïques et modernes. Paris: Grasset, p. 209.

101 Faz-nos lembrar as imagens iniciais do filme de Chaplin *Tempos Modernos*, em que vemos as ovelhas primeiramente, antes de os trabalhadores (em breve, desempregados) se precipitarem para o metrô.

tempo, se empurram uns aos outros, ultrapassando uns aos outros, lutando para serem os primeiros a chegar ao ceifador. É um pouco como o destino do homem puritano de Max Weber: trabalhar e acumular toda a sua vida para ser o primeiro, o homem mais rico do cemitério. A competição resume a rivalidade mimética, a multidão de ovelhas que corre para a morte.

A segunda é a "competição". A competição lembra a concorrência. Etimologicamente, significa "pedir em conjunto", procurar em conjunto a mesma vantagem. Pode-se dizer: "mendigar" em conjunto. Trata-se de uma rivalidade mimética: eu quero o que o outro tem, e o outro quer o que eu tenho. Juntos, mendigamos. A competição tem um conteúdo infantil que a concorrência não admite imediatamente. São os necessitados e as crianças que suplicam e que, além disso, pedem sempre mais e nunca estão satisfeitos. E aqui voltamos a tocar neste aspecto essencial do capitalismo analisado por Keynes e Freud: um momento infantil, imaturo, inacabado da humanidade, uma insaciabilidade e insatisfação infantis.

Por fim, o narcisismo das pequenas diferenças esclarece um dos grandes mistérios humanos: a servidão voluntária. Ela não é outra que a dos filhos em relação ao pai, castrador e monopolizador de mulheres. Os filhos que um dia se rebelarem matarão e comerão o pai e se afogarão na culpa de seu crime, depois brigarão entre si porque não têm mais um mestre, causando a indiferenciação, a confusão e o ciclo interminável de vinganças e violência recíproca, até encontrarem um novo bode expiatório. Eles agiam por mimetismo. Eles se destruíram uns aos outros por mimetismo. Eles são culpados. Procuram um novo pai para matar e um novo patrão para obedecer! Não há nada como a culpa para obrigar a si mesmo a trabalhar, Marx diria, para suar a mais-valia. Passando do eu egoísta e iluminado para a multidão mimética e cega, o indivíduo abandona a sua razão pela imitação e, nesse processo, entra numa servidão voluntária. Ele repete dia após dia atos que o rebaixam e escravizam em nome da produção e da empresa. Os obcecados por trabalho, que a língua inglesa chamou de *workaholics*, revelam essa servidão: "são obsequiosos, de *obsequium*, a obediência ao imperativo do trabalho e do poder. Eles sacrificam seus desejos atuais para, a longo prazo, serem finalmente reconhecidos".[102] Os obcecados são organizados, repetitivos, taylorianos, porque o taylorismo não é mais do que a organização escandalizada, maníaca e repetitiva dos atos do trabalho, e possui aquele "carácter de constrangimento da repetição que nos colocou pela primeira vez na pista da pulsão de morte".[103] Depois do taylorismo, passamos ao "toyotismo", ao trabalho responsável. O toyotismo apela ao autocontrole. Haverá melhor explorador do que a própria pessoa? Repetindo os mesmos gestos, abolimos o tempo: a nossa atitude é a do monge que repete os mesmos

102 MARIE, Pierre (2005). *Les Fous d'en face*: lecture de la folie ordinaire. Paris: Denoël, p. 67.

103 FREUD, Sigmund (1920). *Au-delà du principe de plaisir*. OC, vol. 15, p. 330.

gestos e as mesmas orações, dia após dia, numa ascese destinada a fazê-lo sair do mundo. Abolindo o tempo, nós paramos de viver. Se o trabalho é a morte em vida, temos que reconhecer que a pulsão de morte é poderosa.

A repetição do trabalho é acompanhada pela repetição do consumo. A histeria no consumo é uma outra forma de sujeição. O histérico não consome ou acumula objetos por prazer, evidentemente, mas para agradar aos outros. Assim que possui algo, a dúvida o atormenta: "a dúvida é a maquinaria que visa anular o brilho do objeto desejado. Deixe que um objeto desperte o desejo e, imediatamente, com uma obstinação sem igual, a pessoa obcecada começa a denunciar o valor do objeto desejado".[104] O brilho do objeto, essa aparência de vida que existiria no objeto, e que seria a contrapartida do brilho do olho do vivo, é imediatamente manchado pelo consumo, tal como a morte mancha o olho do homem ou do animal. Desejar e nunca ser satisfeito, e sempre e cada vez mais mendigar, na multidão dos "concorrentes". O capitalismo promete aos indivíduos um "nível extraordinariamente elevado de prazer narcísico"[105] através do consumo de objetos. Infelizmente, esse gozo não é prazer, mas uma manifestação da pulsão de morte, que entrou assim num lugar onde não devia ter entrado, tomando

104 MARIE, Pierre (2005). *Les Fous d'en face*: lecture de la folie ordinaire. Paris: Denoël, p. 78.

105 FREUD, Sigmund (1930). *Le Malaise dans la culture*. Paris: PUF, 1995, pp. 63/64.

conta da publicidade, do apelo ao consumo exagerado e ao desperdício.[106] É aqui que entra em cena o dinheiro.

DINHEIRO E ANALIDADE

O dinheiro desempenhou um papel importante no pensamento de Freud.[107] Também desempenhou um papel importante na sua vida. Na sequência da falência do pai, quando tinha três anos, Freud viveu na pobreza durante muito tempo e só conseguiu uma certa tranquilidade financeira numa fase tardia da sua vida, embora continuasse a ter preocupações com o dinheiro e temesse a pobreza até o fim.[108] Keynes, pelo contrário, nasceu em

106 Ver MARIS, Bernard (2006). *Antimanuel d'économie*, 2: Les Cigales. Rosny-sous-Bois: Bréal, p. 307.

107 Ver BORNEMAN, Ernest (Coord.) (1978). *Psychanalyse de l'argent*: une recherche critique sur les théories psychanalytiques de l'argent. Paris: PUF, 1978 [1ª edição alemã, 1973]; VIDERMAN, Serge (1992). *De l'Argent*: en psychanalyse et au-delà. Paris: PUF; REISS-SCHIMMEIL, Ilana (1993). *La Psychanalyse et l'argent*. Paris: Odile Jacob; ASSOUN, Paul-Laurent (2004). "L'argent à l'épreuve de la psychanalyse: le symptôme social et son envers inconscient". *In*: DRACH, Marcel (Coord.). *L'Argent*: croyance, mesure, spéculation. Paris: La Découverte, pp. 61-82.

108 Freud escreveu a Whilhelm Fliess, em 21 de setembro de 1899: "o dinheiro é para mim um gás hilariante. Aprendi na minha juventude que os cavalos selvagens das pampas, depois de terem sido laçados, retêm algo da sua ansiedade ao longo da vida. Isto porque tive de experimentar a pobreza sem recurso, e temo-a sempre" [FREUD, Sigmund (2006). *Lettres à Wilhelm Fliess, 1887-1904*. Paris: PUF, p. 475]. Escreveu a Karl Abraham, em 18 de fevereiro de 1909:

berço de ouro, quase foi à falência algumas vezes devido a especulações imprudentes, mas viveu sempre muito confortavelmente e deixou uma grande soma de dinheiro aos seus herdeiros.

O dinheiro em Freud e na psicanálise é um objeto muito mais complexo do que o instrumento neutro da economia de que falaremos no capítulo seguinte. Ele tem uma dimensão simbólica. O dinheiro é uma realidade associada ao poder, à sexualidade e à morte. Por que o ser humano se interessa pelo dinheiro? O que leva a acumular esse objeto que, em si mesmo, não serve para nada? Freud deu uma resposta surpreendente, senão mesmo chocante, a essa questão que preocupava Keynes. Em 1908, três anos depois de ter publicado os seus *Três Ensaios Sobre a Sexualidade*, nos quais a afirmação da sexualidade infantil tinha provocado um escândalo, Freud publicou um pequeno ensaio intitulado "Caráter e Erotismo Anal". Ele escreveu ao seu discípulo e amigo Karl Abraham, em 16 de fevereiro de 1908, que essa "pequena novidade (...) tenta se aventurar num novo

"sabe muito bem que há nove meses e meio que sou escravo do dinheiro, que tenho de ganhar em pequenas porções" [FREUD, Sigmund; ABRAHAM, Karl (2006). *Correspondance complète, 1907-1925*. Paris: Gallimard, p. 121]; ao mesmo homem, em 18 de dezembro de 1910: "voltaria a discutir todas essas coisas com você, mas a compulsão para ganhar dinheiro não conhece descanso" (p. 166). Zaretsky considera a correspondência de Freud como prova de um "medo neurótico da pobreza" [ZARETSKEY, Eli (2008). *Le Siècle de Freud*: une histoire sociale et culturelle de la psychanalyse. Trad. Pierre-Emmanuel Dauzat. Paris: Albin Michel, p. 239].

campo e desconcertará algumas pessoas".[109] Depois de ler o texto, Abraham lhe escreveu em 26 de fevereiro: "o erotismo anal será fara o efeito de uma bomba".[110]

Freud tinha começado a formular essas ideias mais de dez anos antes do seu ensaio de 1908. Ele escreveu a Fliess em 22 de dezembro de 1897:

> Não consigo entrar em pormenores sobre todas as coisas que se transformaram para mim (novo Midas!) em... merda. Isto se enquadra perfeitamente na doutrina do mau cheiro interno. Antes de mais nada, o próprio dinheiro. Penso que isto se reflete na palavra "*schmutzig*" [sórdido] em vez de "*geizig*" [avarento].[111]

No dia 24 de janeiro, disse ao seu amigo ter "lido um dia que o dinheiro dado pelo diabo às suas vítimas se transforma regularmente em excrementos".[112] O diabo é uma personagem importante nessa história:

> Na verdade, onde quer que o modo de pensamento arcaico tenha sido dominante ou tenha se mantido,

109 FREUD, Sigmund; ABRAHAM, Karl (2006). *Correspondance complète, 1907-1925*. Paris: Gallimard, p. 59.

110 FREUD, Sigmund; ABRAHAM, Karl (2006). *Correspondance complète, 1907-1925*. Paris: Gallimard, p. 61.

111 FREUD, Sigmund (2006). *Lettres à Wilhelm Fliess, 1887-1904*. Paris: PUF, pp. 366/367.

112 FREUD, Sigmund (2006). *Lettres à Wilhelm Fliess, 1887-1904*. Paris: PUF, p. 288.

> nas culturas antigas, nos mitos, contos, superstições, no pensamento inconsciente, nos sonhos e na neurose, o dinheiro é colocado na mais íntima relação com a merda. Sabemos que o ouro que o diabo dá aos seus favoritos se transforma em merda depois de ele partir, e o diabo não é certamente outra coisa senão a personificação da vida pulsional inconsciente reprimida. Todos nós conhecemos a superstição que associa a descoberta de tesouros à defecação, e todos nós conhecemos a figura do "caçador de tesouros". Na antiga doutrina babilônica, o ouro já era o excremento do inferno.[113]

Num artigo sobre os sonhos no folclore, publicado três anos mais tarde, Freud referiu-se à "correlação entre o estímulo defecatório e a angústia de morte".[114] O excremento sendo a primeiro presente que uma criança dá àqueles que ama, "o interesse pelos excrementos perpetua-se, assim, em parte, como interesse pelo dinheiro". A criança aprende a dar, a trocar, o valor, o preço, a riqueza, a poupança – em suma, a economia política – através das trocas coprofílicas com seus pais. Os quatro momentos da vida da nutrição – ingestão, digestão, retenção e expulsão dos alimentos – podem ser, desse modo, colocados

113 FREUD, Sigmund (1908). "Caractère et érotisme anal". OC, vol 8, p. 193. O conto das moedas já está presente na carta a Fliess de 24 de janeiro de 1897, na qual Freud se pergunta "por que é que o esperma do diabo é sempre descrito como 'frio' nas confissões das bruxas" [FREUD, Sigmund (2006). *Lettres à Wilhelm Fliess, 1887-1904*. Paris: PUF, p. 288].

114 FREUD, Sigmund (1911). "Rêves dans le folklore". OC, vol. 11, p. 71.

em correspondência com a aquisição, o investimento, a poupança/acumulação e a venda.

A natureza fecal do dinheiro está presente na linguagem e nos contos populares: "a galinha dos ovos de ouro", "o burro que defeca moedas", "obter uma grande recompensa". A frase "o dinheiro não tem cheiro" é atribuída ao inventor dos urinóis, o imperador romano Vespasiano (9-79). Nos primórdios do capitalismo, Thomas More contava que, na ilha de Utopia, o ouro e a prata eram utilizados para fazer "vasos de cabeceira e recipientes para os fins mais sujos".[115] Podemos recordar o sentido popular do vaso sanitário e o fato de que "a criança no seu trono é rei",[116] sendo o resultado uma moeda. Para Freud, que, como vimos, associa a cultura ao recalque sexual, a "forma original da propriedade é anal".[117] O recalque sexual e a sublimação da libido estão elas próprias associadas ao recalque e à sublimação olfativas, assim como do erotismo anal.[118] Freud retorna várias vezes a esse tema até o fim da sua vida.[119]

115 MORE, Thomas (1516). *L'Utopie*. Paris: Flammarion, 1987, p. 166.

116 GRUNBERGER, Bela (1971). *Le Narcissisme*: essai de psychanalyse. Paris: Payot, p. 178.

117 FREUD, Sigmund (1930). *Le Malaise dans la culture*. Paris: PUF, 1995, p. 56.

118 FREUD, Sigmund (1930). *Le Malaise dans la culture*. Paris: PUF, 1995, pp. 48/49.

119 É mencionado nas histórias do homem-rato e do homem-lobo. Veja também, nas *Obras Completas*, as seguintes passagens: vol. 12, pp. 49 e 71; vol. l3, pp. 69 e 71; vol. 14, p. 325; vol. 19, pp. 183/184. Essas ideias foram desenvolvidas por: FERENCZI, Sandor

O prazer do dinheiro contém, portanto, um elemento irracional significativo que, em última análise, caracteriza o capitalismo. Sandor Ferenczi desenvolveu este aspecto: "o carácter libidinal e irracional do capital, irredutível a uma finalidade puramente prática, é também traído nessa fase: para a criança, colecionar é um fim em si mesmo, um ato que lhe dá uma alegria evidente".[120] Para ele, "o impulso capitalista contém, portanto,

(1914/1916). "Sur l'ontogenèse de l'intérêt pour l'argent"/"Pecunia olet (L'argent a une odeur)". *In*: BORNEMAN, Ernest (Coord.) (1978). *Psychanalyse de l'argent*: une recherche critique sur les théories psychanalytiques de l'argent. Paris: PUF; FROMM, Erich (1932). "La caractériologie psychanalytique et sa signification pour la psychologie sociale". *In*: ______. *La Crise de la psychanalyse*: essais sur Freud, Marx et la psychologie sociale. Paris: Denoël, 1971; JONES, Ernest (1916). "Théorie du symbolisme". *British Journal of Psychology*, vol. 9; JONES, Ernest (1919). "Traits de caractère se rattachant à l'érotisme anal". *Journal of Abnormal Psychology*, vol. 13; JONES, Ernest (1997). *Théorie et pratique de la psychanalyse*. Paris: Payot; HARNICK, Jenö (1919). "Éléments d'histoire de la civilisation sur le thème du complexe de l'argent et de l'érotisme anal". *In*: BORNEMAN, Ernest (Coord.) (1978). *Psychanalyse de l'argent*: une recherche critique sur les théories psychanalytiques de l'argent. Paris: PUF; HARNICK, Jenö (1925). "Die triebhaft-affektiven Momente im Zeitgefühl". *Imago*, vol. 11; ROHEIM, Géza (1923). "L'argent sacré en Mélanésie". *In*: BORNEMAN, Ernest (Coord.) (1978). *Psychanalyse de l'argent*: une recherche critique sur les théories psychanalytiques de l'argent. Paris: PUF; entre outros.

120 FERENCZI, Sandor (1914). "Sur l'ontogenèse de l'intérêt pour l'argent". *In*: BORNEMAN, Ernest (Coord.) (1978). *Psychanalyse de l'argent*: une recherche critique sur les théories psychanalytiques de l'argent. Paris: PUF, p. 99.

(...) uma componente egoísta e uma componente erótico-anal".[121]

Não é surpreendente que o dinheiro desempenhe um papel importante no tratamento psicanalítico: ele deve remeter ao princípio da realidade. Ao pagar regularmente, e se possível em dinheiro, o analisando encontra uma terra firme. Freud explicou que um tratamento barato ou gratuito seria ineficaz, uma vez que a resistência do paciente aumentaria. Keynes, como veremos, conhecia bem a teoria psicanalítica do dinheiro.

121 FERENCZI, Sandor (1914). "Sur l'ontogenèse de l'intérêt pour l'argent". *In*: BORNEMAN, Ernest (Coord.) (1978). *Psychanalyse de l'argent*: une recherche critique sur les théories psychanalytiques de l'argent. Paris: PUF, p. 88.

2

KEYNES E O DESEJO DO DINHEIRO

A felicidade é o reflexo posterior de um desejo pré-histórico. É por isso que a riqueza traz pouca felicidade; o dinheiro não foi um desejo de infância.

Freud, carta a Wilhelm Fliess,
16 de janeiro de 1898.

O amor ao dinheiro como objeto de posse – distinto do amor ao dinheiro como meio de gozar os prazeres e as realidades da vida – será reconhecido pelo que é, uma paixão mórbida bastante reputada, uma dessas inclinações meio criminosas, meio patológicas, cujos cuidados são emocionantemente confiados a especialistas em doenças mentais.

Keynes, "Perspectivas Econômicas para Nossos Netos",
1930.

A receptividade de Keynes às teses de Freud não seria surpreendente. As ideias desses dois pensadores surgiram num contexto que explica em parte o seu parentesco. Para Freud, foi a Viena do *fin-de-siècle*,[122] para Keynes, foi a Inglaterra pós-vitoriana. Ponta de lança na luta contra a moral vitoriana e na definição de novos cânones estéticos, o grupo de amigos e amantes conhecido sob o nome de Bloomsbury, do qual Keynes fazia parte, foi também uma porta de entrada para a psicanálise na Grã-Bretanha.[123] Mesmo antes do aparecimento, por volta de 1905, do grupo de Bloomsbury, Keynes tinha, nos seus primeiros trabalhos, desenvolvido ideias que convergiam com as que Freud estava formulando ao mesmo tempo em Viena. Entre outras coisas, Keynes tinha dominado muito cedo a arte do retrato psicológico, que viria a aperfeiçoar em *As Consequências Econômicas da Paz* (1919) e no seu *Essay in Biography* (1933).[124] Aqui está, por exemplo, uma passagem muito freudiana que Keynes decidiu não publicar em *As Consequências*, mas que acabou por tornar pública no seu *Essays*. Provavelmente ainda não tinha lido Freud quando a escreveu:

122 Ver SCHORSKE, Carl E. (1983). *Vienne fin de siècle*. Paris: Seuil; DIDIER-WEILL, Alain (Coord.) (2004). *Freud et Vienne*: Freud aurait-il inventé la psychanalyse s'il n'avait pas été vennois? Ramonville: Éditions Erès.

123 Consultar o anexo.

124 Ver DOSTALER, Gilles (2005). *Keynes et ses combats*. Nouvelle édition revue et augmentée. Paris: Aibin Michel, 2009, capítulo 3 (Bibliothèque de l'Évolution de l'Humanité).

> O Presidente, o Tigre e a Bruxa de Gales foram fechados numa sala durante seis meses e daí saiu o Tratado. Sim, a *Bruxa de* Gales – pois o Primeiro-Ministro britânico era o elemento feminino nesta trama triangular. Eu disse do Sr. Wilson que ele era um clérigo não conformista. Deixe o leitor imaginar Mr. Lloyd George como *femme fatale* [em francês no texto]. Um velho homem do mundo, uma *femme fatale* e um clérigo não conformista – são essas as personagens do nosso drama. (...) Clemenceau era demasiado cínico, demasiado experiente e muito culto para se deixar enfeitiçar, na sua idade, pela Dama de Gales. (...) O carácter muito masculino do Presidente sucumbiu totalmente aos atrativos femininos, à delicadeza, à vivacidade e à simpatia do Primeiro-Ministro.[125]

No entanto, tudo parece opor o pai calmo e bastante conservador que foi Sigmund Freud, quem se manteve afastado da política, e o esteta hedonista que era simultaneamente membro do círculo de Bloomsbury e próximo do poder econômico e político, tendo muitos casos homossexuais antes de casar com uma bailarina dos famosos balés russos de Diaghilev. No entanto, tinham algumas coisas em comum. Politicamente, Keynes via-se a si próprio como um liberal radical, cujas posições se situavam algures entre as da ala esquerda do Partido Liberal e as da ala direita do Partido Trabalhista. Por vezes, também dizia: "estou certo de que sou menos

125 KEYNES, John Maynard (1933). "M. Lloyd George: a fragment". *In*: ______. *Essays in Biography*. Londres: Macmillan, pp. 31-41; JMK, vol. 10, pp. 22-25.

conservador nas minhas tendências do que o eleitor trabalhista médio (...). A república da minha imaginação situa-se na extrema esquerda do espaço celestial".[126] Mas, ao mesmo tempo, tal como os seus amigos de Bloomsbury, professava um elitismo tingido de desprezo por aquilo a que chamavam as "classes inferiores" – das quais também recrutavam os seus criados. Sobre *O Capital*, de Marx, do qual, no entanto, tomou emprestadas ideias importantes, escreveu:

> Como poderia eu fazer meu um credo que, preferindo o lodo ao peixe, exalta o proletariado grosseiro acima dos burgueses e da *intelligentsia* que, quaisquer que sejam os seus defeitos, encarnam a boa vida e transportam em si as sementes do futuro progresso da humanidade.[127]

Freud não fica atrás. As suas simpatias políticas estão em sintonia com as de Keynes, embora se mantenha muito mais afastado do campo de batalha, na sequência da ascensão do antissemitismo na Viena do final do século XIX. Escrevendo à sua noiva Martha Bernays, ele opõe "esse hábito de reprimir constantemente os nossos impulsos naturais que nos torna refinados" para

126 KEYNES, John Maynard (1926). "Liberalism and labour". *Nation and Athenaeum*, vol. 38, 20 fev., pp. 707/708; JMK, vol. 9, p. 309.

127 KEYNES, John Maynard (1925). *A Short view of Russia*. Londres: Hogarth Press; JMK, vol. 9, pp. 253-271; "Un aperçu de la Russie". *In*: KEYNES, John Maynard (2002). *La Pauvreté dans l'abondance*. Paris: Gallimard, p. 39.

a "psicologia do homem comum" que "dá livre curso a seus apetites".[128]

Quando comparamos esses dois autores com as suas obras, nos deparamos com um paradoxo. Esses homens, conservadores em certos aspectos, bastante apegados à tradição, hostis às explosões revolucionárias e desconfiados das classes populares, foram, ao mesmo tempo, autores de teorias radicais que põem em questão a ordem estabelecida em termos morais, econômicos e políticos, e apelavam à libertação dos preconceitos e das autoridades políticas, religiosas e militaristas. Outro paradoxo é o fato de a maioria dos seus herdeiros ter tentado minimizar o carácter revolucionário de suas obras fundadoras. Sublinhamos esse fato, no prólogo, a propósito de Freud. Mesmo antes da sua morte, as ideias de Keynes foram "normalizadas" por vários dos seus discípulos no âmbito do que se designou por "síntese neoclássica", ou, melhor ainda, um sincretismo entre a microeconomia clássica criticada por Keynes e uma macroeconomia keynesiana esvaziada das suas componentes mais inovadoras.[129] Entre estas últimas, figura uma concepção do dinheiro que rompe radicalmente com a da economia clássica e a liga à pulsão de morte.

128 Carta de 29 de agosto de 1883, em FREUD, Sigmund (1979). *Correspondance, 1873-1339*. Paris: Gallimard, pp. 60/61.

129 Ver BEAUD, Michel; DOSTALER, Gilles (1993). *La Pensée économique depuis Keynes*: historique et dictionnaire des principaux auteurs. Édition abrégée. Paris: Seuil, 1996, capítulo 5 (Points Économie).

O DINHEIRO E A MORTE

Do início ao fim da sua carreira, o dinheiro ocupou um lugar central na visão econômica de Keynes. As palavras "dinheiro" e "monetário" aparecem nos títulos das suas três principais obras econômicas: *A Reforma Monetária* (1923), *Tratado Sobre o Dinheiro* (1930) e *Teoria Geral do Emprego, do Juro e da Dinheiro* (1936). Todos os economistas sabem disso. O que a maioria não sabe é que o dinheiro de Keynes é radicalmente diferente do dinheiro dos manuais ortodoxos. O dinheiro é um objeto de desejo e um encontro com a morte. Teórico da economia, Keynes foi, antes de mais nada, como Freud, um pensador da humanidade e da sociedade, da incerteza, da angústia e da psicologia das massas, do mimetismo de uma "sociedade constituída por indivíduos que procuram imitar-se uns aos outros".[130]

O dinheiro não é simplesmente um estoque de metais preciosos, notas de banco ou registos que circulam nas contas, mas uma realidade preocupante em dois sentidos. Ela introduz o tempo na vida das pessoas – o tempo que a divisão do trabalho, evocada por Adam Smith, dilata. Ela destrói a troca direta, a simultaneidade da troca, permite a revisão de planos e lança um nevoeiro de incerteza sobre todas as ações humanas. O dinheiro

130 KEYNES, John Maynard (1937). "The general theory of employment". *Quarterly Journal of Economics*, vol. 51, p. 250; JMK, vol. 14, pp. 109-123; KEYNES, John Maynard (2002). *La Pauvreté dans l'abondance*. Paris: Gallimard, pp. 239-260.

é um estranho objeto que tanto acalma a ansiedade – se alguém dispõe de um estoque por precaução – como a aumenta. Ele permite mudar de opinião, de ser irracional. O dinheiro despersonaliza as relações humanas, liquidando a velha sociedade da autoridade, da servidão, da vassalagem e da hierarquia. Ele desempenha um papel preponderante nas sociedades onde as relações de dominação são mais anônimas, ele permite que as pessoas não se olhem mais nos olhos, para parafrasear Georg Simmel.[131]

Em Keynes, a pulsão de morte assume a forma do amor ao dinheiro "atuando através da procura do lucro como um complemento da seleção natural".[132] O amor ao dinheiro, que se manifesta, entre outras coisas, na poupança e no fenômeno dos juros compostos, o dinheiro que se reproduz, que gera dinheiro a partir de si mesmo, constitui o "o problema moral do nosso tempo".[133] A concorrência e o amor ao dinheiro são as causas da violência social. Essa guerra de todos contra todos através da competição, que nunca termina e na

131 Ver o notável livro de SIMMEL, Georg (1900). P*hilosophie de l'argent*. Paris: PUF, 1987, cujas ideias sobre o dinheiro eram semelhantes às de Freud e Keynes.

132 KEYNES, John Maynard (1926). *The End of Laissez-Faire*. Londres: Hogarth Press; "La Fin du laissez-faire". *In*: KEYNES, John Maynard (2002). *La Pauvreté dans l'abondance*. Paris: Gallimard, p. 74.

133 KEYNES, John Maynard (1925). *A Short view of Russia*. Londres: Hogarth Press; JMK, vol. 9, pp. 253-271; "Un aperçu de la Russie". *In*: KEYNES, John Maynard (2002). *La Pauvreté dans l'abondance*. Paris: Gallimard, p. 51.

qual ninguém sabe exatamente pelo que está lutando nem por quem, é um dos fermentos da verdadeira guerra. No início de *As Consequências Econômicas da Paz*, Keynes cita estes versos de *Dynasts de* Thomas Hardy:

> Note que toda a visão ampla e autocontrole sobre si mesmo,
> Abandonaram estas massas agora levadas à loucura
> Pela Negligência imanente.
> Aqui só resta o espírito de vingança entre os fortes, e entre os fracos uma raiva impotente.[134]

As duas causas do conflito entre nações, que Keynes denomina a "guerra civil" d a Europa, são, por um lado, a concorrência entre nações no final de um século de acumulação de riquezas que não foram consumidas e devem ser destruídas, e, por outro, a luta de classes, a inveja das classes mais baixas que não podem esperar mais que migalhas de um bolo crescente, mas que nunca poderão consumir. O ressentimento dos excluídos exacerba os nacionalismos e abre caminho às guerras. O carácter destrutivo do desejo de riqueza, expresso no cálculo financeiro, ameaça a sobrevivência da natureza e do ser humano:

134 KEYNES, John Maynard (1919). *The Economic Consequences of the Peace*. Londres: Macmillan; JMK, vol. 2; *Les Conséquences politiques de la paix*. Paris: Gallimard, 2002, p. 20.

> A mesma regra autodestrutiva do cálculo financeiro rege todos os aspectos da existência. Destruímos a beleza do campo porque os esplendores da natureza, que não pertencem a ninguém, não têm valor econômico. Seríamos capazes de apagar o sol e as estrelas porque eles não aportam nenhum dividendo.[135]

O pior é que nós estamos fazendo isso. Já não conseguimos ver o sol por causa da fumaça, e as estrelas por causa da poluição luminosa.

A economia é uma disciplina curiosa. Durante muito tempo afirmou, e continua a afirmar, que o dinheiro não é mais do que um véu colocado sobre as trocas. Os economistas construíram uma teoria da vida em sociedade em que o dinheiro não tem lugar. Desenvolveram uma teoria da troca, da produção e do investimento em que o dinheiro é, nas suas palavras, "neutro". Essa teoria ficou conhecida como a "teoria quantitativa da moeda", da qual deriva a expressão "monetarismo".[136] De acordo com essa teoria, uma variação na oferta de moeda provoca um movimento da mesma magnitude e na mesma direção no nível geral de preços, desde que

135 KEYNES, John Maynard (1933). "National self-sufficiency". *New Statesman and Nation*, vol. 6, 8 jul., pp. 36/77, 15 jul., pp. 65-67; JMK, vol. 21, pp. 233-246; "L'autosuffisance nationale". *In*: KEYNES, John Maynard (2002). *La Pauvreté dans l'abondance*. Paris: Gallimard, p. 207.

136 Trata-se de uma das mais antigas teorias econômicas, formulada pela primeira vez pelo filósofo e jurista Jean Bodin em 1568. Foi retomada e desenvolvida por David Hume, David Ricardo, Alfred Marshall, Irving Fisher e, mais recentemente, Milton Friedman.

a velocidade de circulação da moeda e a proporção de dívidas que os bancos mantêm sob forma líquida não variem. Mas, como salienta Keynes, esses fatores mudam frequentemente, em função de acontecimentos imprevistos. Por conseguinte, a teoria quantitativa só é válida a longo prazo, quando todos os ajustamentos tiverem sido efetuados e tudo estiver estável. Uma das suas frases mais famosas é:

> A longo prazo, estaremos todos mortos. Os economistas dão a si próprios uma tarefa demasiado fácil e inútil se, num período de tempestade, se contentam em dizer que, passada a tempestade, o oceano volta a ficar calmo.[137]

A análise desenvolvida na *Teoria Geral*, explica Keynes no prefácio da edição francesa, “mostra como finalmente escapamos às confusões da Teoria Quantitativa, que tinha em outro momento nos induzindo ao erro”.[138] Intimamente associada a essa teoria está a lei dos mercados, “as doutrinas associadas ao nome de Jean-Baptiste

137 KEYNES, John Maynard (1923). *A Tract on Monetary Reform*. Londres: Macmillan; JMK, vol. 4; *La Réforme monétaire*. Paris: Simon Kra, 1924, p. 100. A tradução francesa de 1924, que citamos, é uma má tradução do texto inglês, como é frequentemente o caso das traduções de Keynes. O texto inglês diz: “*in the long run, we are all dead*” (JMK, vol. 4, p. 65).

138 KEYNES, John Maynard (1936). *The General Theory of employment, interest and money*. Londres: Macmillan; *Théorie Générale de l’emploi, de l’intérêt et de la monnaie*. Paris: Payot, 1982, p. 8.

Say [que] dominaram a ciência econômica em toda a parte muito mais do que se pensava".[139] Numa economia como a descrita por Say, em que o dinheiro é apenas a "figura de valor", as crises, os *booms* e as depressões não podem ser explicados: "afirmo que os *booms* e as depressões são fenômenos próprios de uma economia em que – num sentido que não procuro definir aqui com precisão – o dinheiro não é neutro".[140]

139 KEYNES, John Maynard (1936). *The General Theory of employment, interest and money*. Londres: Macmillan; *Théorie Générale de l'emploi, de l'intérêt et de la monnaie*. Paris: Payot, 1982. A lei das oportunidades, formulada em 1803 por Jean-Baptiste Say, afirma que, numa economia, à escala mundial, a oferta cria a procura, pelo que não pode haver problemas de escoamento, de sobreprodução geral e daquilo a que Keynes chamaria desemprego involuntário. Isto decorre da teoria quantitativa da moeda. Produzimos e vendemos para comprar, não para acumular dinheiro. Rejeitada por Keynes, essa lei foi retomada nos anos 1970 pelos "economistas da oferta", os quais, entre outras coisas, recomendaram ao governo dos Estados Unidos reduções fiscais maciças, acompanhadas de reduções das despesas sociais, a fim de estimular a poupança que, em virtude da Lei de Say, se transformava automaticamente em investimento.

140 KEYNES, John Maynard (1933). "A monetary theory of production". *In*: CLAUSING, G. (Coord.). *Der Stand und die nüchste Zukunft der Konjunkturforschung*: Festschrzft für Arthur Spiethoff. Munich: Duncker & Humblot, p. 411.

AURI SACRA FAMES: MIDAS

Também aqui, a mitologia dará a ele a coragem de acreditar na psicanálise.

Freud, "A Questão da Análise Profana", *1926.*

Para Keynes, o amor irracional pelo dinheiro é a força motriz do capitalismo. Muitas pessoas amam o dinheiro, algumas o amam ao ponto de transgredir todas as regras morais para o conseguir. Tal como Freud, Keynes refere-se várias vezes ao mito de Midas. Conhecemos a expressão "rico como Creso". Entre 561 e 546 a.C., Creso reinou na Lídia, uma antiga região da Ásia Menor que teria cunhado moedas pela primeira vez no início do século VII a.C. A riqueza de Creso provinha das areias douradas do rio Chrysorrhoas, ou "rio de ouro", que tomou o nome de Pactolus porque o deus com o mesmo nome se suicidou nas suas águas. Midas foi um personagem histórico que governou a Frígia no século VIII a.C., uma região vizinha da Lídia com importantes minas de ouro. Segundo a lenda, Midas acolheu Sileno, o tutor de Dionísio. Embriagado, Sileno tinha-se desviado para o território da Frígia. Para o recompensar por ter tomado conta do seu velho tutor, Dionísio se ofereceu para conceder a Midas um desejo. Mas Midas sofria, nas palavras de Virgílio, de uma *auri sacra fames*, "uma sede maldita de ouro".[141] Ele pede o poder de transformar em ouro tudo o que tocava, o que lhe foi concedido. Rapidamente percebeu, para seu horror, que o que tentava comer e beber se transformava em ouro antes de poder saciar a sede e a fome. Ao ver a morte se aproximar do seu monte de ouro, implorou a Dionísio que o libertasse do seu desejo. O deus disse que ele se lavasse nas águas do Pactolus para se libertar dessa maldição. Disso vieram os flocos de ouro do rio, hoje em dia uma torrente que atravessava os territórios da Frígia e da Lídia. "Pactolus" passou a ser sinônimo de uma grande soma de dinheiro.

Entre 1920 e 1926, Keynes dedicou muito tempo ao estudo da história das moedas antigas. Ele se interessou pelas reformas monetárias de Sólon, eleito arconte de Atenas em 594 a.C., que teria sido o primeiro estadista a utilizar a lei para alterar o valor do dinheiro. Ele havia exonerado de suas dívidas os camponeses despossuídos de suas terras e ameaçados de escravidão. Sólon escreveu poemas para justificar as suas reformas, denunciando, por exemplo, em Às Musas, os "cidadãos insensatos [que] querem eles próprios destruir esta soberba cidade através do seu amor insaciável pelo ouro (...). A sua imensa ganância não tem limites". Sólon poderia escrever a mesma coisa hoje! Keynes considera que Sólon é o primeiro de uma série de grandes estadistas

141 *Eneida*, III, 57.

que compreenderam que os interesses da sociedade exigiam o alívio do peso da dívida sobre os trabalhadores e os elementos ativos da sociedade:

> O sábio que primeiro desvalorizou a moeda para o bem dos cidadãos foi apropriadamente escolhido pela lenda para repreender Creso pela sua riqueza acumulada. Sólon representa o gênio da Europa de forma tão definitiva como Midas representa a propensão acumuladora da Ásia.[142]

Toda a questão extraordinariamente contemporânea do conflito entre a empresa e as finanças, entre a produção e o entesouramento, entre o industrial e o rentista, entre os que ganham dinheiro produzindo e os que o ganham dormindo, entre o lado ativo e o lado passivo da economia, que atravessa toda a obra de Keynes, assume aqui a forma do conflito entre Sólon e Midas.

Mais de dois séculos depois de Sólon, Aristóteles também evocou a figura de Midas para descrever os estragos que o amor irracional pelo dinheiro pode causar.[143] Keynes admirava o estagirita. Em 23 de janeiro de 1906, escreveu a Lytton Strachey sobre a Ética do "soberbo Aristóteles": "nunca ninguém falou de tão bom senso – antes ou depois". Na decadência do império ateniense,

142 JMK, vol. 28, p. 227.

143 Sobre Aristóteles e o dinheiro, ver BERTHOUD, Arnaud (2004). "Monnaie et mesure chez Aristote". *In*: DRACH, Marcel (Coord.). *L'Argent*: croyance, mesure, spéculation. Paris: La Découverte.

Aristóteles considera que a corrupção da sociedade pelo dinheiro desempenhou um papel importante, embora o dinheiro continue a ser uma invenção útil que facilita o comércio. Faz uma descrição viva do seu aparecimento, tomada depois por Adam Smith e depois por Marx. Aristóteles esclarece, de maneira brilhante, as funções do dinheiro, tal como continuam a ser descritas ainda hoje nos manuais: medida de valor, meio de troca, meio de pagamento e reserva de valor. É esta última função que abre a porta à desordem e à perversão. Aristóteles contrapõe a economia, o modo natural de prover às necessidades, à crematística (de *chrêmata*, "dinheiro", "riqueza"), que é a acumulação de riqueza monetária. Enquanto o consumo é necessariamente limitado, não há limite para a acumulação de riqueza.

Sendo uma invenção perigosa, o dinheiro está na origem dos piores excessos quando se transforma, de intermediário nas trocas, em fim da atividade humana.[144] Não há mais limite para a quantidade de dinheiro que uma pessoa pode ter. O sinal de sucesso, de poder e de fama torna-se uma soma de dinheiro. Aristóteles, que geralmente é sensato em suas palavras, condena impiedosamente aqueles que se entregam à acumulação

144 O dinheiro é um intermediário e os comerciantes são intermediários. Estão no interesse, etimologicamente "entre seres". Quando o dinheiro se torna um fim e não um meio, os comerciantes tornam-se, por sua vez, a classe dominante, com o objetivo de enriquecer. Karl Polanyi descreveu magistralmente essa evolução em: POLANYI, Karl (1944). *La Grande transformation*: aux origines économiques et politiques de notre temps. Paris: Gallimard, 1983.

pela acumulação. O comércio que consiste em comprar para vender a um preço mais alto é uma "profissão que gira inteiramente em torno do dinheiro, que sonha apenas com o dinheiro, que não tem nenhum outro elemento ou fim, que não encontra um termo final que possa deter a ganância".[145] Pior do que o comércio, é a empréstimo a juros, que permite obter uma soma maior de dinheiro a partir de uma soma de dinheiro, simplesmente a vendendo durante algum tempo. Trata-se de um ganho antinatural. Tomás de Aquino retomou as ideias de Aristóteles para condenar os juros, a que chamou usura, porque os juros são o preço do tempo que pertence somente a Deus. A taxa de juro é o aluguel do dinheiro, que, por sua própria natureza, não pode ser alugado. Também para Keynes, o juro é o aluguel do dinheiro, ao passo que, na visão clássica, ele recompensa a abstinência. Sobre as teorias monetárias dos pensadores escolásticos, ele escreveu que "essa doutrina (...) merece ser reabilitada e considerada com atenção",[146] porque tinham compreendido que os interesses dos rentistas constituíam um freio ao empreendimento.

O cristianismo primitivo e o comunismo têm sido frequentemente objeto de paralelismos. Depois de visitar a URSS na sua lua de mel, em 1925 – a sua mulher Lydia

145 KEYNES, John Maynard (1971). *Essais sur la monnaie et l'économie*. Paris: Payot, p. 32.

146 KEYNES, John Maynard (1936). *The General Theory of employment, interest and money*. Londres: Macmillan; *Théorie Générale de l'emploi, de l'intérêt et de la monnaie*. Paris: Payot, 1982, p. 346.

Lopokova era originária da Rússia, onde seus pais viviam –, Keynes, que também era muito crítico da falta de liberdade que verificou por lá, veio a reconhecer uma virtude no bolchevismo, que descreveu como uma combinação de religião, idealismo e pragmatismo: o amor ao dinheiro havia sido deslocado da posição central que ele ocupava no capitalismo. Podemos imaginar os comunistas soviéticos "como os primeiros cristãos que, sob a direção de Átila, utilizariam o poder logístico da Santa Inquisição e das missões jesuítas para impor uma economia de acordo com o Novo Testamento".[147] Na Rússia, os motivos de ordem pecuniária cessam de ser os principais impulsionadores da ação social: "na Rússia do futuro, dedicar a vida a acumular dinheiro não constituirá, para um jovem respeitável, uma via de realização mais viável do que escolher uma carreira de *ladrão*, falsificador ou vigarista".[148] Isso constitui "uma novidade extraordinária",[149] enquanto "o capitalismo moderno é absolutamente irreligioso; desprovido de solidariedade

147 KEYNES, John Maynard (1925). *A Short view of Russia*. Londres: Hogarth Press; JMK, vol. 9, 253-271; "Un aperçu de la Russie". *In*: KEYNES, John Maynard (2002). *La Pauvreté dans l'abondance*. Paris: Gallimard, p. 37.

148 KEYNES, John Maynard (1925). *A Short view of Russia*. Londres: Hogarth Press; JMK, vol. 9, 253-271; "Un aperçu de la Russie". *In*: KEYNES, John Maynard (2002). *La Pauvreté dans l'abondance*. Paris: Gallimard, p. 41.

149 KEYNES, John Maynard (1925). *A Short view of Russia*. Londres: Hogarth Press; JMK, vol. 9, 253-271; "Un aperçu de la Russie". *In*: KEYNES, John Maynard (2002). *La Pauvreté dans l'abondance*. Paris: Gallimard, p. 42.

interna, e sem grande civismo, não passa muitas vezes de um simples aglomerado de ricos e pobres impacientes por alcançá-lo".[150] Se assistisse a isso hoje, Keynes consideraria sem dúvida a passagem para a nova Rússia dos oligarcas uma regressão trágica.

O ano da viagem de Keynes à URSS foi também o ano do regresso ao padrão-ouro na Inglaterra, à paridade anterior à guerra, um regresso contra o qual Keynes tinha lutado incessantemente desde o início da década de 1920.[151] O padrão-ouro, segundo o qual as moedas nacionais são definidas por um peso fixo de ouro e os saldos das balanças de pagamentos são liquidados por transferências do metal precioso, tinha passado a dominar a maior parte do mundo no último quartel do século XIX e no século V. A Primeira Guerra Mundial levou à suspensão deste sistema, uma vez que apenas os Estados Unidos conseguiram manter a paridade entre a sua moeda nacional e o ouro. Acreditando que esse acontecimento abria perspectivas interessantes, com o ouro perdendo "finalmente a sua autoridade despótica",[152] Keynes criticava a tendência generalizada para acumular

150 KEYNES, John Maynard (1925). *A Short view of Russia*. Londres: Hogarth Press; JMK, vol. 9, 253-271; "Un aperçu de la Russie". *In*: KEYNES, John Maynard (2002). *La Pauvreté dans l'abondance*. Paris: Gallimard, p. 50.

151 Ver DOSTALER, Gilles (2005). *Keynes et ses combats*. Nouvelle édition revue et augmentée. Paris: Aibin Michel, 2009, capítulo 7 (Bibliothèque de l'Évolution de l'Humanité).

152 KEYNES, John Maynard (1914). "The prospects of money, November 1914". *Economic Journal*, vol. 24, dez., pp. 610-634; JMK, vol. 11, p. 320.

ouro, que deveria, pelo contrário, circular e ser utilizado para apoiar a taxa de câmbio e comprar no estrangeiro. Os banqueiros, disse ele, estavam a comportar-se como marajás. Assim como os hebreus derreteram o bezerro de ouro, "deveríamos derreter a reserva de ouro e fazer uma estátua do caixa principal, que ergueríamos em um pedestal alto o suficiente para impedir que fosse baixado".[153] Um olhar sobre a estátua seria suficiente para nos tranquilizar quanto à estabilidade financeira do país. Se continuássemos preocupados, isso significaria que a estátua não era suficientemente grande.

A Comissão Cunliffe, criada na Grã-Bretanha em 1918, seguida pela Conferência de Génova de 39 países em 1922, propôs o regresso ao padrão-ouro. Isso levou a uma revalorização de 7% da libra esterlina e, por conseguinte, à necessidade de reduzir os salários na mesma percentagem, a fim de manter a competitividade da Grã-Bretanha no mercado mundial. O padrão-ouro sacrificava o pleno emprego e a estabilidade dos preços à estabilidade cambial e ligava o destino econômico da Grã-Bretanha ao do país que era agora a principal economia mundial: os Estados Unidos. Keynes lutou arduamente contra a decisão suicida, que foi finalmente anunciada pelo Chanceler do Tesouro Winston Churchill em 29 de abril de 1925. Como ele previra, esse acontecimento desencadeou uma grave agitação social. Os mineiros de carvão que se

153 KEYNES, John Maynard (1914). "The prospects of money, November 1914". *Economic Journal*, vol. 24, dez., pp. 610-634; JMK, vol. 11, pp. 313/314.

recusaram a aceitar as reduções salariais e o aumento do horário de trabalho que lhes era impostos foram sujeitos a um *lockout*, que, por sua vez, provocou uma greve geral em 3 de maio de 1926. Segundo Keynes, essa decisão desastrosa foi uma das causas da Segunda Guerra Mundial, juntamente com as cláusulas do Tratado de Versalhes que impunham à Alemanha indenizações exageradas.

O ouro, diz Keynes, é uma “relíquia bárbara”,[154] um “fetiche”,[155] um objeto de superstição que “goza ainda do prestígio do seu perfume e da sua cor”.[156] Keynes dedica um capítulo ao ouro no seu *Tratado Sobre o Dinheiro*, publicado no ano seguinte, e ele faz referência a Freud:

> O Dr. Freud conta que existem razões profundamente enraizadas no nosso subconsciente para que o ouro, e não qualquer outro material, satisfaça instintos poderosos e sirva de símbolo. As propriedades mágicas com que o clero do antigo Egito dotou o metal amarelo nunca desapareceram completamente. (...) Nos últimos anos, a nossa *auri sacra fames* tem procurado envolver-se nas dobras de uma respeitabilidade tão

154 KEYNES, John Maynard (1923). *A Tract on Monetary Reform*. Londres: Macmillan; JMK, vol. 4; *La Réforme monétaire*. Paris: Simon Kra, 1924, p. 198.

155 KEYNES, John Maynard (1929). “Is there enough gold? The League of Nations enquiry”. *Nation and Athenaeum*, vol. 44, 19 jan., pp. 545/546; JMK, vol. 19, p. 776.

156 KEYNES, John Maynard (1923). *A Tract on Monetary Reform*. Londres: Macmillan; JMK, vol. 4; *La Réforme monétaire*. Paris: Simon Kra, 1924, p. 190.

> espessa como a mais espessa respeitabilidade que já vimos, incluindo nos domínios do sexo e da religião. Se esta santidade desempenhou inicialmente o papel de armadura necessária para obter a difícil vitória sobre o bimetalismo, e se foi depois mantida devido às virtudes profiláticas que, segundo os seus defensores, só o ouro possuía contra o perigo das taxas de câmbio forçadas, ou se é um disfarce manhoso como o que Freud nos apresentou, não há necessidade de seres suficientemente curioso para olhares tão de perto.[157]

Keynes estava ciente das ligações que Freud tinha estabelecido entre o erotismo anal e a propensão para acumular, e a identificação inconsciente entre dinheiro e excrementos. Na *Teoria Geral*, estabeleceu um paralelo entre o dinheiro e a imundícia, comparando a atividade de "cavar buracos no solo conhecidos como minas de ouro" àquela na qual o tesoureiro deveria "encher garrafas velhas com notas de dinheiro e enterrá-las a profundidades adequadas em minas abandonadas que seriam depois preenchidas com lixo urbano". Poderíamos então "autorizar a iniciativa privada a voltar a extrair notas de banco de acordo com os princípios do *laissez-faire*".[158]

157 KEYNES, John Maynard (1930). *A Treatise on Money*. Londres: Macmillan; vol. 1: *The Pure Theory of Money*; vol. 2: *The Applied Theory of Money*, pp. 258/259; JMK, vol. 5 e 6.

158 KEYNES, John Maynard (1936). *The General Theory of employment, interest and money*. Londres: Macmillan; *Théorie Générale de l'emploi, de l'intérêt et de la monnaie*. Paris: Payot, 1982, p. 145.

O ouro, o bezerro de ouro dos hebreus, Mammon – um dos nomes do demônio – sempre exerceram um fascínio que é simplesmente o fascínio do mal. Numa nota à passagem que acabamos de citar, Keynes remete o leitor para os textos de Freud (1908), Ferenczi (1914) e Jones (1916, 1919). Ele cita, em particular, esta passagem notável de Ernest Jones:

> Se as ideias de posse e de riqueza estão obstinadamente ligadas à ideia de "dinheiro" e de ouro, há razões psicológicas bem definidas para isso. Essa atitude supersticiosa em relação ao erro econômico de confundir dinheiro com riqueza se revelar um grande sacrifício para todos os países, e para a Inglaterra em particular, depois da guerra, quando houver um desejo desesperado de regressar ao padrão-ouro.[159]

A Grã-Bretanha foi finalmente forçada a abandonar o padrão-ouro em 1931, para alegria de Keynes, que previu que a "maldição de Midas" recairia sobre os poucos países que se mantivessem fiéis ao bezerro de ouro, sobretudo a França e os Estados Unidos:

> Se isso for verdade, o nosso país e todos os que seguirem o nosso exemplo beneficiarão de preços mais elevados. Mas nenhum de nós poderá obter uma vantagem

159 JONES, Ernest (1916). "Théorie du symbolisme". *British Journal of Psychology*, vol. 9; JONES, Ernest (1997). *Théorie et pratique de la psychanalyse*. Paris: Payot, pp. 117/118.

> à custa dos outros. Assim, as desvantagens da concorrência concentrar-se-ão nos países que se mantiveram fiéis ao padrão-ouro. É sobre eles que cairá a maldição de Midas.[160]

No mito de Midas estão a pulsão de morte e o erotismo anal. Midas revela a natureza infantil e autofágica do capitalismo, um capitalismo que devora a sua própria produção: quanto mais o tempo passa, mais resíduos são produzidos e devorados, e a indústria dos resíduos e da poluição se torna a principal indústria. Midas é também o diabo, que é outro nome para a pulsão de morte. Baudelaire, em *Les Fleurs du Mal*, descreve o Maligno da seguinte forma:

160 KEYNES, John Maynard (1931). "The future of the world". *Sunday Express*, 27 set.; "La fin de l'étalon-or". *In*: KEYNES, John Maynard (1971). *Essais sur la monnaie et l'économie*. Paris: Payot, p. 113. Keynes era um homem de paradoxos. Era fascinado pela especulação, que também condenava. Denunciando o fetichismo do ouro, era fascinado pela alquimia, como Newton, que admirava muito e cujos manuscritos sobre o assunto tinha comprado. Em abril de 1930, o seu amigo Reginald McKenna, político e banqueiro, comunicou-lhe, sob rigoroso sigilo, a existência de um novo processo que permitia fabricar ouro em quantidades ilimitadas por 1 xelim a onça. Em 1979, foi encontrado nos arquivos de Keynes um envelope selado com 19 páginas manuscritas intituladas "New process". Embora dissesse que não percebia nada do processo, Keynes parecia fascinado por uma descoberta que poria fim ao reinado da "relíquia bárbara", liquidaria a dívida britânica para com os Estados Unidos, poria fim ao problema das reparações alemãs e permitiria a Londres voltar a arrancar *a* liderança financeira do mundo em Nova Iorque. "Será um maravilhoso último capítulo na longa história do domínio do ouro sobre nossas mentes gananciosas" [KEYNES, John Maynard (1930). "New process". JMK, vol. 20, p. 164].

Hermes desconhecido que me assistes
E que sempre me intimidas
Tu me fazes igual a Midas,
O mais triste dos alquimistas
("Alquimia da dor")

No travesseiro do mal é Satanás Trismegisto
Que embala nosso espírito encantado por muito tempo,
E o rico metal de nossa vontade
É todo vaporizado por este sábio químico.
("Para o leitor")

O diabo é o herdeiro do "enganador", Hermes Trismegisto ("o três vezes grande"), deus dos viajantes, dos ladrões, dos mentirosos e dos comerciantes, o diabo do qual Brown nota o "persistente carácter anal".[161] Hermes se torna "Satan Trismegistus" sob a pena do grande poeta francês, que escreveu: "o maior truque do diabo é nos persuadir de que ele não existe". Muitos dos escritos de Lutero, vários dos quais são citados e comentados no capítulo 14 ("A Era Protestante") do livro de Brown, referem-se ao príncipe deste mundo, o promotor da civilização – e o verdadeiro espírito do capitalismo. Entre outras perversões, a especulação é uma invenção do demônio: "o dinheiro é a palavra do diabo, através da qual ele cria todas as coisas, tal como Deus as criou através do verdadeiro

161 BROWN, Norman O. (1959). *Life against death*: the psychoanalytical meaning of history. Middletown: Wesleyan University Press; *Éros et Thanatos*. Paris: Denoël, 1972, p. 259.

verbo".[162] Condenando a venda de indulgências, Lutero escreveu que "o diabo criou um mercado de almas".[163] Para ele, o Papa era a encarnação do demônio, cujas palavras "são mentiras, isto é, vento que se transforma em moeda".[164] Segundo Brown, "do ponto de vista psicanalítico, se o diabo é a morte e o capitalismo é o diabo, então a aliança do protestantismo com o capitalismo implica a sua completa sujeição ao instinto de morte".[165]

Como conciliar a visão "satânica" de Lutero com o espírito capitalista de Max Weber, no qual a acumulação de riqueza é um sinal da eleição divina? Pode parecer difícil, se nos lembrarmos que Lutero condenava firmemente o empréstimo a juros. Mas o trabalho, a vocação, o comércio, a recusa da contemplação e a necessidade de agir, em suma, o espírito do capitalismo, existem em Lutero. E a sua aceitação do corpo, da matéria, do mundo com todos os seus excrementos e infâmias, mostra que temos de nos resignar à nossa condição de sofrimento e

162 BROWN, Norman O. (1959). *Life against death*: the psychoanalytical meaning of history. Middletown: Wesleyan University Press; *Éros et Thanatos*. Paris: Denoël, 1972, p. 276.

163 BROWN, Norman O. (1959). *Life against death*: the psychoanalytical meaning of history. Middletown: Wesleyan University Press; *Éros et Thanatos*. Paris: Denoël, 1972, p. 285.

164 BROWN, Norman O. (1959). *Life against death*: the psychoanalytical meaning of history. Middletown: Wesleyan University Press; *Éros et Thanatos*. Paris: Denoël, 1972, p. 286.

165 BROWN, Norman O. (1959). *Life against death*: the psychoanalytical meaning of history. Middletown: Wesleyan University Press; *Éros et Thanatos*. Paris: Denoël, 1972, p. 279.

de trabalho, que é inútil querer elevar-se acima do corpo, o corpo que carrega o fardo do sofrimento e do trabalho. Então, o próprio diabo, e tudo o que dele depende, "servirá de adubo para a minha amada videira", diz Lutero.[166] O mundo é do diabo, mas o nosso trabalho, a nossa labuta, permite utilizar a nossa condição de escravos do demônio para nos libertarmos:

> A conceção luterana do domínio da morte na vida é correlativa da esperança escatológica da transformação da vida na terra e da transformação do corpo humano, da ressurreição do corpo numa forma libertada, como diz Lutero, da morte e da imundície.[167]

Como escreve Baudelaire na admirável alocução ao leitor que abre *As Flores do Mal*, é o desvio da pulsão de morte e a utilização da energia do diabo que cria a civilização e dá apelo a objetos repugnantes:

> É o demônio que segura os fios que nos movem!
> Encontramos apetites por objetos repugnantes;
> Todos os dias damos um passo em direção ao inferno,
> Sem horror, através de trevas fétidas.

166 BROWN, Norman O. (1959). *Life against death*: the psychoanalytical meaning of history. Middletown: Wesleyan University Press; *Éros et Thanatos*. Paris: Denoël, 1972, p. 282.

167 BROWN, Norman O. (1959). *Life against death*: the psychoanalytical meaning of history. Middletown: Wesleyan University Press; *Éros et Thanatos*. Paris: Denoël, 1972, p. 290.

O DINHEIRO OU A ARTE COMO SEGURANÇA CONTRA A MORTE?

Mesmo que o ouro seja destituído, o problema do dinheiro, do amor ao dinheiro, permanece intacto. Se é um desejo mórbido, por que esse desejo? Keynes, tal como Freud, associa libido e sublimação. A civilização progride, entre outras coisas, porque os seres humanos sublimam os seus impulsos através do trabalho e, para alguns, através de obras literárias e artísticas. Nem todo mundo tem capacidade científica ou talento artístico. É o caso, principalmente, dos homens de negócios, na sua maioria dotados de uma energia considerável. Mas eles não têm capacidade moral e intelectual suficiente para se elevarem acima dos impulsos primários e procuram o dinheiro em vez do amor, da beleza e da verdade:

> A menos que tenham a sorte de ser cientistas ou artistas, recorrem ao grande substituto, ao substituto por excelência, ao bálsamo para aqueles que, de fato, não querem nada – o dinheiro. (...) Clissold e o seu irmão Dickson, o especialista em publicidade, andam de um lado para o outro à procura de uma âncora para a sua forte libido. Sem sucesso. Gostariam tanto de ser apóstolos. Mas eles não podem. Continuam a ser homens de negócios.[168]

168 KEYNES, John Maynard (1927). "Clissold". *Nation and Athenaeum*, vol. 40, 22 jan., pp. 561/562; JMK, vol. 9, pp. 319/320.

É preciso aceitar essa realidade, tanto mais que, em algumas pessoas, a libido pode ser expressa por tendências muito mais perigosas, impulsos agressivos e sádicos que levam as pessoas a transformarem os outros em objetos, a usá-los, a humilhá-los, a magoá-los e, como disse Freud, a matá-los. A procura de dinheiro é uma forma de canalizar esses impulsos:

> A possibilidade de ganhar dinheiro e construir uma fortuna pode canalizar algumas das tendências perigosas da natureza humana para um caminho relativamente inofensivo. Se não puderem ser satisfeitas dessa forma, podem encontrar uma saída na crueldade, na procura desenfreada de poder e autoridade pessoais e noutras formas de ambição pessoal. É melhor para um homem exercer despotismo sobre a sua conta bancária do que sobre os seus concidadãos.[169]

A busca pelo dinheiro como substituto de pulsões sádicas está ligada ao carácter irracional e patológico do entesouramento, do impulso para acumular dinheiro, "um impulso mórbido bastante repulsivo, uma dessas inclinações meio criminosas, meio patológicas, cujo cuidado confiamos com certo arrepio aos

169 KEYNES, John Maynard (1936). *The General Theory of employment, interest and money*. Londres: Macmillan; *Théorie Générale de l'emploi, de l'intérêt et de la monnaie*. Paris: Payot, 1982, pp. 367/368.

especialistas em doenças mentais",[170] e que serve para afastar o medo da morte. O capitalismo, uma forma de sociedade que não conseguiu lidar com a questão da morte, só pode sobreviver através da acumulação: "da mesma forma que o homem fisicamente apto elimina o pensamento da morte, é o dinamismo dos pioneiros que os faz esquecer a ideia da ruína final que frequentemente os espera".[171]

Curiosa espécie é a humanidade, que, tendo descoberto a morte e não querendo morrer, é incapaz de viver. A negação da vida é o recalcamento. Esquecer o presente, viver apenas para o futuro ou para o passado, estabelecer o império da morte sobre a vida e recusar envelhecer é uma luta irrisória, particularmente exacerbada nos dias de hoje. Os recentes desenvolvimentos da genética molecular são também um sinal disso. E se a manipulação do DNA (através de genes chamados "guardiões do genoma") deixasse que o momento fatal fosse adiado indefinidamente? Mas enquanto o homem de negócios ou o acumulador acredita que alcançará uma imortalidade ilusória ao morrer sobre a sua pilha de ouro, o artista pode reivindicar essa imortalidade. A sua obra

170 KEYNES, John Maynard (1930). "Economic possibilities for our grandchildren". *Nation and Athenaeum*, vol. 48, 11 e 18 out., pp. 36/37 e 96/98; JMK, vol. 9, pp. 321-332; "Perspectives économiques pour nos petits-enfants". *In*: KEYNES, John Maynard (2002). *La Pauvreté dans l'abondance*. Paris: Gallimard, p. 115.

171 KEYNES, John Maynard (1936). *The General Theory of employment, interest and money*. Londres: Macmillan; *Théorie Générale de l'emploi, de l'intérêt et de la monnaie*. Paris: Payot, 1982, p. 174.

é uma apólice de seguro contra a morte, como já dizia Horácio em 22 a.C., no Livro III de suas *Odes*:

> Concluí um monumento mais durável do que o bronze, mais alto do que a decrepitude das pirâmides reais, e que nem a chuva, nem o Aquilão, nem a inumerável cadeia de anos, nem a fuga das eras podem destruir. Não morrerei inteiro, e uma boa parte de meu ser será subtratada para a Libitina.[172]

Mas será a morte vencida pelas pirâmides construídas às custas de milhares de vidas sacrificadas a essa obra morta e imortal?

Keynes, que coloca os artistas no pináculo da humanidade, muito acima dos homens de negócios, teria aprovado Horácio, que ele talvez tenha lido:

> Creio que o homem de ciência deve ocupar uma posição intermédia neste mundo. É evidente que aproveita muito melhor o seu tempo do que os homens de negócios. (...) Mas não é também provável que o artista talentoso esteja em relação ao homem de ciência como o homem de ciência está em relação ao corretor da bolsa?[173] Consciente da sua inteligência científica e política, Keynes lamentava, no entanto, a sua falta de

172 HORÁCIO. *Odes*, III, 30, 1-6. Trad. P. Villeneuve. Paris: Les Belles Lettres, 1997. Libitina é a deusa romana dos funerais.

173 KEYNES, John Maynard (1909). [Science and art], lu à la Société des Apôtres, 20 fev.; KP, UA/ 32, p. 1.

talento artístico, o que não o impedia de fazer algumas incursões no domínio da reflexão estética.[174]

GELEIA E LIQUIDEZ

Esqueça o artista e a sua obra eterna, que não o impediu de regressar ao nada. Se não é certo que os artistas sobrevivam, é certo que os homens do dinheiro morrem. O dinheiro é um "processo sutil que permite ligar o presente ao futuro",[175] e os juros compostos, a própria dinâmica do capital, o dinheiro que dá cria, um meio de recusar viver:

> O ser humano "intencional" tenta sempre dar às suas ações uma imortalidade falsa e ilusória, projetando o seu interesse nelas para o futuro. Ele não ama o seu gato, mas os gatinhos do seu gato; aliás, não os gatinhos do seu gato, mas os gatinhos dos seus gatinhos, e assim sucessivamente até a extinção da população felina. Para ele, a compota só é compota se ele a fizer amanhã, nunca no próprio dia. Assim, ao adiá-la

174 Ver DOSTALER, Gilles (2005). *Keynes et ses combats*. Nouvelle édition revue et augmentée. Paris: Aibin Michel, 2009, capítulo 8 (Bibliothèque de l'Évolution de l'Humanité).

175 KEYNES, John Maynard (1936). *The General Theory of employment, interest and money*. Londres: Macmillan; *Théorie Générale de l'emploi, de l'intérêt et de la monnaie*. Paris: Payot, 1982, p. 295.

> constantemente, ele se esforça por garantir que o ato de a cozinhar seja imortal.[176]

Norman Brown compara a crítica de Keynes à intencionalidade com as teses de Nietzsche, para quem "a fuga à morte está subjacente tanto à religião da imortalidade como à instituição econômica da propriedade hereditária".[177] Zaratustra dizia, como o homem intencional de Keynes: "quero herdeiros, assim diz tudo o que sofre, quero filhos, *nem sequer me quero a mim próprio*".[178]

A acumulação de dinheiro, o entesouramento e a avareza estão ligados ao adiamento do consumo para o futuro, à abstinência e à rejeição do prazer. Aqui, a economia está em sintonia com o puritanismo e a moral vitoriana contra os quais Keynes e os seus amigos de Bloomsbury lutavam desde o início do século. Além disso, Keynes associava a valorização da poupança ao puritanismo:

> Assim, o desenvolvimento desse sistema notável se baseou numa dupla fraude. (...) O dever de "economizar" logo representou nove décimos da virtude, e

176 KEYNES, John Maynard (1930). "Economic possibilities for our grandchildren". *Nation and Athenaeum*, vol. 48, 11 e 18 out., pp. 36/37 e 96/98; JMK, vol. 9, pp. 321-332; "Perspectives économiques pour nos petits-enfants". *In*: KEYNES, John Maynard (2002). *La Pauvreté dans l'abondance*. Paris: Gallimard, p. 115.

177 BROWN, Norman O. (1959). *Life against death*: the psychoanalytical meaning of history. Middletown: Wesleyan University Press; *Éros et Thanatos*. Paris: Denoël, 1972, p. 139.

178 NIETZSCHE, Friedrich (1883-1985). *Ainsi parlait Zarathoustra*. Paris: Gallimard, 1971, p. 412.

> a ampliação do bolo, o objeto da verdadeira religião. Todos os instintos de um puritanismo que, noutros tempos, tinha se retirado do mundo e negligenciado tanto a arte da produção como a arte do entretenimento floresceram em torno de não se comer o bolo.[179]

O espírito de Midas, que habita o rentista e o avarento, impede de viver e ameaça a sociedade à qual recusa a circulação do seu dinheiro. O acumulador perverte todas as trocas no seio da comunidade humana. É o buraco negro que engole as energias desviadas do prazer e todas aquelas ligadas à pulsão de morte. Aqui Keynes defende um pensador de quem não gosta muito, Marx, que é hostil, tal como ele, aos acumuladores, mas mais indulgente, como ele ainda é, para com o empresário capitalista:

> Nosso acumulador aparece como o mártir do valor de troca, um santo asceta empoleirado em seu pilar de metal. Ele só está interessado na riqueza em sua forma social, e é por isso que na Terra ele a coloca fora do alcance da sociedade. Ele quer a mercadoria na forma que a torna constantemente apta a circular, e é por isso que a retira de circulação. Ele sonha com o valor de troca, e é por isso que não faz trocas. A forma fluida da riqueza e a sua forma petrificada, elixir da vida e pedra filosofal, entrelaçam-se na fantasmagoria de uma alquimia louca.

179 KEYNES, John Maynard (1919). *The Economic Consequences of the Peace*. Londres: Macmillan; JMK, vol. 2; *Les Conséquences politiques de la paix*. Paris: Gallimard, 2002, pp. 32/33.

> Na sua sede de prazeres ilimitados e quiméricos, renuncia a todos os prazeres. No seu desejo de satisfazer todas as necessidades sociais, mal satisfaz as suas necessidades básicas. Ao reter a riqueza na realidade corpórea do metal, volatiliza-a numa pura quimera.[180]

É claro que o "acumulador" não é o empresário. Para Keynes, tal como para Schumpeter, a maioria dos empresários, pelo menos os mais bem-sucedidos, não são pessoas comuns. São "indivíduos de temperamento sanguíneo e espírito construtivo que se dedicam aos negócios para ocupar a sua existência sem procurar realmente confiar num cálculo preciso do lucro esperado",[181] indivíduos ligeiramente excêntricos que satisfazem a sua "necessidade inata de atividade", muitas vezes ignorando o cálculo racional "a favor de impulsos devidos ao capricho, ao sentimento ou ao acaso".[182] São movidos

180 MARX, Karl (1859). *Contribution à la critique de l'économie politique*. Paris: Éditions Sociales, 1972, p. 98. Sobre a relação de Marx com o dinheiro, tanto a nível teórico como psicológico, ver GARDAZ, Michel (1987). *Marx et l'argent*. Paris: Économica, que também recorre aos temas freudianos da pulsão de morte e do erotismo anal. Sobre a relação entre Freud e Marx, ver também GOUX, Jean-Joseph (1973). *Freud, Marx*: économie et symbolique. Paris: Seuil.

181 KEYNES, John Maynard (1936). *The General Theory of employment, interest and money*. Londres: Macmillan; *Théorie Générale de l'emploi, de l'intérêt et de la monnaie*. Paris: Payot, 1982, p. 162.

182 KEYNES, John Maynard (1936). *The General Theory of employment, interest and money*. Londres: Macmillan; *Théorie Générale de l'emploi, de l'intérêt et de la monnaie*. Paris: Payot, 1982, p. 175.

por "espíritos animais":[183] "ao avaliar as perspectivas de investimento, é preciso, portanto, ter em conta os nervos e os humores, as digestões até, e as reações ao clima das pessoas cuja atividade espontânea as governa em grande parte".[184] Mas ao lado desses aventureiros, de Simbad, o marinheiro comerciante de Bassorá, a Drake, o escavador de petróleo, há outros, a maioria, para quem o futuro não é senão angústia. São as pessoas que querem absolutamente "manter a liquidez", como se diz na bolsa, jogar sem correr riscos e, sobretudo, poder sair do jogo a qualquer momento.

Que angústia terrível habita o acumulador! Através da preferência pela liquidez, Keynes estabelece a ligação entre a angústia, a pulsão de morte e a taxa de juros. A preferência pela liquidez reflete o nosso medo do futuro e da incerteza, da precariedade de tudo: "a posse de dinheiro líquido acalma a nossa ansiedade; e essa ansiedade é medida pelo prêmio que exigimos para nos separarmos desse dinheiro".[185] Esse prêmio é a taxa de juros,

183 Na tradução de Jean de Largentaye, *os espíritos animais* passam a ser "dinamismo natural" [KEYNES, John Maynard (1936). *The General Theory of employment, interest and money*. Londres: Macmillan; *Théorie Générale de l'emploi, de l'intérêt et de la monnaie*. Paris: Payot, 1982, p. 173].

184 KEYNES, John Maynard (1936). *The General Theory of employment, interest and money*. Londres: Macmillan; *Théorie Générale de l'emploi, de l'intérêt et de la monnaie*. Paris: Payot, 1982, pp. 173/174.

185 KEYNES, John Maynard (1937). "The general theory of employment". *Quarterly Journal of Economics*, vol. 51, pp. 209-223; JMK, vol. 14, pp. 109-123; KEYNES, John Maynard (2002). *La Pauvreté dans l'abondance*. Paris: Gallimard, p. 252.

o verdadeiro índice do medo. A angústia e a incerteza radical estão sempre por detrás da consciência:

> Novos medos e novas esperanças assumem rapidamente o controle do comportamento humano (...). Terrores e esperanças obscuros, igualmente confusos e irracionais, nunca desaparecem completamente; estão, por assim dizer, sempre à espreita sob a superfície.[186]

O dinheiro é a varinha mágica que dissipa esses terrores e sustenta essas esperanças. Com o nosso escudo dourado, podemos avançar contra as ameaças da vida, e quanto tempo dedicaremos à construção desse escudo dourado!

> O nosso desejo de possuir dinheiro como reserva de riqueza, que é em parte razoável e em parte instintivo, constitui um barômetro da nossa desconfiança em relação às nossas próprias conjecturas e convenções sobre o futuro. Esse sentimento em relação ao dinheiro é, em si mesmo, convencional e instintivo, mas ele opera de qualquer maneira, a um nível mais profundo da consciência. Torna-se o guia da nossa conduta a partir do momento em que as convenções mais elaboradas, que são também as mais precárias, enfraqueceram.[187]

186 KEYNES, John Maynard (1937). "The general theory of employment". *Quarterly Journal of Economics*, vol. 51, pp. 209-223; JMK, vol. 14, pp. 109-123; KEYNES, John Maynard (2002). *La Pauvreté dans l'abondance*. Paris: Gallimard, pp. 250/251.

187 KEYNES, John Maynard (1937). "The general theory of employment". *Quarterly Journal of Economics*, vol. 51, pp. 209-223; JMK,

É necessário dizer que Keynes ataca mais uma vez a economia clássica?[188] Nela, se defende que a taxa de juros é o prêmio da abstinência. Ela seria fixada pelo encontro da oferta e da procura de capital, resultante das preferências intertemporais dos agentes e da produtividade do capital. Keynes afirma que ela mede a renúncia à liquidez. Ela não tem qualquer valor objetivo ou natural: "fenômeno altamente psicológico, deve necessariamente depender das nossas expectativas quanto à taxa de juros futura".[189] Ela continua a ser uma fantasia que mede a ansiedade coletiva e individual. A psicologia das massas está no cerne do fenômeno dos juros, como de todos os fenômenos econômicos.

A TEORIA DO MERCADO-MASSA

A psicologia das massas aparece no capítulo 12 da *Teoria Geral*, dedicado às expectativas a longo prazo e à especulação. Recorrendo aos recursos do inconsciente,

vol. 14, pp. 109-123; KEYNES, John Maynard (2002). *La Pauvreté dans l'abondance*. Paris: Gallimard, p. 252.

188 Após a publicação da *Teoria Geral*, quando os comentadores tentavam mostrar o parentesco entre as teorias clássica e keynesiana do juro, Keynes dedicou vários artigos a mostrar, pelo contrário, o abismo entre a sua conceção e a dos clássicos.

189 KEYNES, John Maynard (1935). "Future interest rates: Mr. J. M. Keynes on the outlook", discours prononcé le 20 février à la National Mutual Life Assurance Society. *Times*, 21 fev.; JMK, vol. 12, p. 212.

esse capítulo é o mais profético do livro: ele descreve o mundo atual em que triunfam as finanças e a especulação. Nele, Keynes alerta para "o risco de um predomínio da especulação" que "tende a crescer à medida que a organização dos mercados financeiros progride".[190] Esta é uma leitura surpreendente, num momento em que o mundo está mergulhado numa crise financeira sem precedentes.

Para Freud, como vimos, não há oposição entre psicologia individual e psicologia de massas: "a psicologia individual é também, desde o início, psicologia social".[191] Se todos os indivíduos se comportam como Midas, com uma sede insaciável de dinheiro, a sociedade está condenada. A relação homotética entre o comportamento individual e o coletivo não representa mais um problema para Keynes, uma vez que a vida coletiva tem uma psicologia, "a psicologia de uma sociedade composta de indivíduos que procuram imitar uns aos outros".[192] A psicologia das massas é a de "um grande número de

190 KEYNES, John Maynard (1936). *The General Theory of employment, interest and money*. Londres: Macmillan; *Théorie Générale de l'emploi, de l'intérêt et de la monnaie*. Paris: Payot, 1982, pp. 170/171.

191 FREUD, Sigmund (1921). *Psychologie des masses et analyse du moi*. OC, vol. 16, p. 5.

192 KEYNES, John Maynard (1937). "The general theory of employment". *Quarterly Journal of Economics*, vol. 51, pp. 209-223; JMK, vol. 14, pp. 109-123; KEYNES, John Maynard (2002). *La Pauvreté dans l'abondance*. Paris: Gallimard, p. 250.

indivíduos ignorantes",[193] impotentes como são as pessoas perante oseu inconsciente.[194]

Em *Psicologia das Massas e Análise do Eu*, Freud evoque dois comportamentos, o mimetismo e o contágio, que encontramos no centro dos fenómenos financeiros. Numa frase magnífica de *Totem e Tabu*, descreve o ser humano como um ser contagioso: "um homem que transgrediu um tabu se torna, ele próprio, um tabu, porque tem a perigosa capacidade de tentar os outros a seguirem seu exemplo. (...) Ele é, portanto, verdadeiramente contagioso".[195] Com esse "homem contagioso", surge uma visão do mercado oposta à dos economistas clássicos, formalizada por Walras e seus sucessores,[196] para quem o mercado é o lugar de encontro próprio do *homo oeconomicus*, um átomo dotado de preferências fixas do qual emergem curvas de oferta

193 KEYNES, John Maynard (1936). *The General Theory of employment, interest and money*. Londres: Macmillan; *Théorie Générale de l'emploi, de l'intérêt et de la monnaie*. Paris: Payot, 1982, p. 166.

194 A sociedade é, evidentemente, uma entidade mais global e complexa do que a multidão ou a massa. Uma dada sociedade pode ser constituída por várias massas de natureza diferente. Freud distingue entre massas espontâneas, sem líderes, e massas organizadas, que ele também chama de artificiais, com líderes, como o exército e a Igreja. A psicologia das massas não deve ser confundida com a psicologia das nações, esta última noção, encontrada em Jung, por exemplo, não existia para Freud. Jung foi assim levado a distinguir entre o inconsciente coletivo ariano e o inconsciente coletivo judeu, sendo o primeiro superior ao segundo.

195 FREUD, Sigmund (1913). *Totem et tabou*. OC, vol. 11, p. 235.

196 Ver MARIS, Bernard (1995). "Les figures du marché et le champ de l'économie des conventions". *Cahiers d'Économie Politique*, nº 26.

e procura. O mercado keynesiano é um objeto coletivo em si mesmo. Ele não é o resultado da interação entre indivíduos autônomos. É a multidão, cega, bovina, ignorante, estúpida, propensa ao pânico e sensível a todos os movimentos que ela própria provoca, a todos os rumores selvagens. Mais uma vez, a atual crise financeira e as convulsões bolsistas que ela provoca ilustram maravilhosamente essa visão.

Para caracterizar esse "mercado-massa", Keynes inventou um concurso de beleza que descreve um sistema em constante mutação, sem equilíbrio, no qual todos procuram "descobrir o que a opinião média acredita ser a opinião média".[197] Imaginemos um concurso em que o objetivo é escolher os seis rostos mais bonitos dentre uma centena de fotografias. O vencedor é aquele cuja escolha está mais próxima da média das escolhas de todos os outros participantes. O importante é adivinhar o que os outros vão pensar, sendo que os mais hábeis nesse jogo adivinham até ao terceiro ou quarto grau de previsões recíprocas: eu sei o que os outros vão fazer; contudo, os outros sabem o que os outros e eu vamos fazer; portanto, eu sei sabendo o que os outros sabem sabendo o que eu sei etc., *ad infinitum*. Um jogo especular, um jogo de espelhos, uma especulação. Face à incerteza radical, a do cego, perante o destino, imerso na multidão, só nos resta um expediente:

197 KEYNES, John Maynard (1936). *The General Theory of employment, interest and money*. Londres: Macmillan; *Théorie Générale de l'emploi, de l'intérêt et de la monnaie*. Paris: Payot, 1982, p. 168.

> conscientes de que o nosso julgamento individual tem pouco valor, nós tentamos alinhá-lo com o julgamento de todos os outros, que sem dúvida estão mais bem informados. Isto significa que procuramos nos conformar com a atitude da maioria, ou da média.[198]

É assim que fixamos o preço de uma ação na bolsa, ou a taxa de juro, tentando adivinhar a direção de uma multidão quando nós próprios estamos perdidos no meio dela.

A multidão de Freud e de Keynes é uma criança, perdida, assustada, sem razão, capaz de se suicidar numa seita, de linchar ou de fazer cair uma bastilha, e que só pede um mestre ou um líder: "é manifestamente perigoso se pôr em contradição com ela [a massa], e se está seguro quando se segue o exemplo oferecido por todos à volta e, portanto, possivelmente mesmo quando se 'uiva com os lobos'".[199] Também para Keynes, o indivíduo abandona o seu ideal de ego pelo ideal da multidão. É melhor estar errado com a multidão do que certo contra ela: "a sabedoria universal ensina que é melhor para a sua reputação falhar com a convenção do que ter sucesso contra ela".[200] Na matilha, é preciso uivar com

198 KEYNES, John Maynard (1937). "The general theory of employment". *Quarterly Journal of Economics*, vol. 51, pp. 209-223; JMK, vol. 14, pp. 109-123; KEYNES, John Maynard (2002). *La Pauvreté dans l'abondance*. Paris: Gallimard, p. 250.

199 FREUD, Sigmund (1921). *Psychologie des masses et analyse du moi*. OC, vol. 16, p. 23.

200 KEYNES, John Maynard (1936). *The General Theory of employment, interest and money*. Londres: Macmillan; *Théorie Générale*

os lobos. Lugar de opinião média, de mimetismo e de mecanismos autorreferenciais, tal é o mercado de ações, o "mercado-massa".

O capitalismo precisa obviamente de guias, sinais e referências. A maioria dos economistas afirmam que os preços são os guias para a ação.[201] Keynes pensa que o mercado é cego. Ele não vê nada, ele não prevê nada. A que a multidão, a massa, se apega, fugindo da angústia e da morte na incerteza radical de seu futuro? À opinião, à própria multidão, certamente, em um processo mimético e autorreferencial, mas também – e esse é seu único vislumbre – à ideia de que o estado de coisas continuará mais ou menos. Que amanhã o sol vai nascer. Que continuará a haver crescimento. Que a taxa de crescimento ou a taxa de juros de hoje será mais ou menos a mesma de amanhã, que as coisas continuarão, em suma, que o tempo não existe. É isto que exprime um conceito proposto por Keynes, novamente no famoso capítulo 12, a "convenção":

> Esta convenção consiste essencialmente – ainda que nem sempre se desenrole de forma tão simples – partindo do pressuposto de que a situação atual se

de l'emploi, de l'intérêt et de la monnaie. Paris: Payot, 1982, p. 170.

201 Hayek é, sem dúvida, a pessoa que mais consistentemente desenvolveu essa visão e o que ela implica: a não intervenção numa sociedade descrita como uma "ordem espontânea". Ver DOSTALER, Gilles (2001). *Le Libéralisme de Hayek*. Paris: La Découverte.

> mantera indefinidamente, a menos que haja razões concretas para esperar uma mudança.[202]

Perante uma incerteza radical, especuladores e homens de negócios são obrigados a adotar a única atitude possível: agir como se o passado se repetisse, como se o "estado de coisas" se perpetuasse. Mas isso não é o mesmo que recusar o futuro?

Num fenômeno de multidão, a partir do momento em que a escolha é unânime, as previsões são autorrealizáveis. Assim, a taxa de juros: "seu valor real depende, em grande medida, do seu valor futuro, tal como a opinião dominante acredita que será previsto. *Qualquer* taxa de juros que seja aceita com fé suficiente *de que* durará, de fato *durará*".[203] Mas um fenômeno de multidão é apenas um fenómeno de ignorância generalizada. A avaliação convencional dos mercados é uma pseudocerteza resultante da interação entre uma massa de ignorantes. Eis por que ganhar na bolsa significa antecipar a mudança de convenção. Se paga para que "os espertos prevejam

202 KEYNES, John Maynard (1936). *The General Theory of employment, interest and money*. Londres: Macmillan; *Théorie Générale de l'emploi, de l'intérêt et de la monnaie*. Paris: Payot, 1982, p. 164. Na França, essa abordagem deu origem à "economia das convenções", que examinou, entre outros aspectos, a relação entre o mimetismo e os mercados financeiros. Ver ORLÉAN, André (Coord.) (1994). *Analyse économique des conventions*. Paris: PUF; ORLÉAN, André (1999). *Le Pouvoir de la finance*. Paris: Odile Jacob.

203 KEYNES, John Maynard (1936). *The General Theory of employment, interest and money*. Londres: Macmillan; *Théorie Générale de l'emploi, de l'intérêt et de la monnaie*. Paris: Payot, 1982, p. 212.

a psicologia da multidão em vez da tendência real dos eventos e imitem a irracionalidade com antecedência".[204] Assim, a taxa de juros, esse fenômeno altamente psicológico, determinado pelo seu valor futuro e pela psicologia das massas, é um fenômeno convencional e autorreferencial. Depende da relação psicológica das pessoas com o tempo, da taxa de juros futura. Mas a taxa futura depende da convenção. E a convenção baseia-se na repetição do presente, ou seja, na abolição do tempo.

Tal como a criança, a multidão suprime o tempo. Ela precisa ser dominada por uma autoridade "que admiramos, perante a qual nos curvamos, pela qual somos dominados e, eventualmente, maltratados".[205] Que autoridade pode proteger o especulador face ao destino? Uma figura paternal, um chefe de Estado, um presidente de um banco central, por exemplo, que fale de confiança, da estabilidade do presente (se for bom), que assegure que amanhã não será outro dia, mas o mesmo, pacífico, ou outro melhor, e que essa paz que sentimos como algo temporário demais venha a ser duradoura: é essa a convenção da estabilidade, a "confiança" de que falam

204 KEYNES, John Maynard (1930). *A Treatise on Money*. Londres: Macmillan; vol. 1: *The Pure Theory of Money*; vol. 2: *The Applied Theory of Money*; JMK, vol. 6, p. 323.

205 FREUD, Sigmund (1939). *L'Homme Moïse et la religion monothéiste*: trois essais. Paris: Gallimard, 1986, p. 207. Sobre o tema do poder na economia, com referência a Freud, ver DUPUY, Yves; MARIS, Bernard (1996). "Le pouvoir et le marché". *Sciences de la Société*, nº 38, pp. 7-22. O Estado não é, evidentemente, apenas um lugar de autoridade e de repressão.

os homens de Estado, a confiança que está no coração do dinheiro "fiduciário".

A convenção pode ser ligada à pulsão de morte:

> As manifestações de uma compulsão à repetição, que descrevemos nas primeiras atividades da vida anímica da criança, bem como nas experiências da cura psicanalítica, mostram em alto grau o carácter pulsional e (...) demoníaco.[206]

Já vimos o que Freud quer dizer com o termo "demoníaco", e ele é ainda mais preciso quando questiona a natureza da relação entre o pulsional e a compulsão à repetição: "uma pulsão seria um impulso inerente ao orgânico dotado de vida para restabelecer um estado anterior (...) ou, se quisermos, a manifestação da inércia na vida orgânica".[207] Sublinhando que "a tese das pulsões de autoconservação, pulsões que atribuímos a todo ser vivo, é singularmente oposta ao pressuposto segundo o

206 FREUD, Sigmund (1920). *Au-delà du principe de plaisir*. OC, vol. 15, p. 306.

207 FREUD, Sigmund (1920). *Au-delà du principe de plaisir*. OC, vol. 15, p. 308. Na sequência dessa passagem, Freud dá dois exemplos de vida animal "que parecem confirmar a condicionamento histórico das pulsões": os peixes e as aves migratórias. Conhece a longa viagem que o salmão faz para regressar do meio do oceano ao seu rio de origem, ou a dos gansos das neves que, na primavera, voam milhares de quilômetros do Sul para o Ártico para chegarem aos seus locais de nidificação.

qual a totalidade da pulsão de vida serve para provocar a morte",[208] Freud acrescenta, no entanto, que

> mesmo esses guardiães da morte foram originalmente acólitos da morte. Daí o paradoxo de o organismo se rebelar com toda a sua energia contra ações (perigos) que poderiam ajudá-lo a atingir o seu objetivo na vida por um caminho mais curto.[209]

Cada organismo escolhe o seu próprio caminho, a sua própria lentidão, os seus desvios. Ele se enrijece contra os fenômenos exteriores que poderiam permitir-lhe atingir "o seu objetivo de vida por um caminho mais curto (um curto-circuito, por assim dizer)", mas esse comportamento não é uma questão de inteligência ou de razão, mas da pulsão. O eterno retorno do mesmo (a compulsão à repetição) é o meio utilizado pelos monges para abolir o tempo e aceitar a vida contemplativa; é também o meio utilizado pelos filósofos para aceitar a morte na vida, dito de outro modo, aceitar a vida. Poderíamos então pensar que a luta frenética do capitalismo contra a morte é apenas um meio de acelerar a extinção da espécie. A substituição da luta pela subsistência pela acumulação não passa de um ardil da razão. Ao pensarmos que nos

208 FREUD, Sigmund (1920). *Au-delà du principe de plaisir*. OC, vol. 15, p. 311.

209 FREUD, Sigmund (1920). *Au-delà du principe de plaisir*. OC, vol. 15, p. 311.

dirigimos mais tarde na direção do nada, na verdade, nos precipitamos para ele mais rapidamente.

O DINHEIRO BODE EXPIATÓRIO

Assim, o ser humano é um animal que pode tornar-se contagioso: "as interdições são necessárias porque certas pessoas e coisas têm uma força perigosa própria que se transfere, por contato com o objeto assim carregado, quase como um contágio".[210] Esse contágio se manifesta no narcisismo das pequenas diferenças, na competição e na concorrência. Em certas circunstâncias, das quais o século XX já teve mais do que a sua parte, o ser humano se revela mesmo como um "animal selvagem, alheio à ideia de defender a sua própria espécie",[211] "como resultado dessa hostilidade primária entre os seres humanos, a sociedade da cultura está constantemente ameaçada de desintegração".[212] É preciso agregar as pessoas sem cessar. Excitar o narcisismo das pequenas diferenças - o apelo ao ódio do outro, a procura de bodes expiatórios - é uma boa maneira de fazer isso. O trabalho é também um modo de fusão e interdependência, e a divisão do trabalho - cujo corolário é a complexidade dos mercados

210 FREUD, Sigmund (1913). *Totem et tabou*. OC, vol. 11, p. 223.

211 FREUD, Sigmund (1930). *Le Malaise dans la culture*. Paris: PUF, 1995, p. 54.

212 FREUD, Sigmund (1930). *Le Malaise dans la culture*. Paris: PUF, 1995.

– torna essa interdependência uma realidade. A acumulação de riqueza é o corolário da amplificação da divisão do trabalho e do mercado.

O dinheiro desempenha um papel essencial na canalização da violência humana.[213] O mimetismo, que se manifesta no narcisismo das pequenas diferenças, é o resultado de uma falta de ser que leva o ser humano a procurar em outrem as respostas para as suas faltas. Invejoso, imitativo e fundamentalmente violento, ele é levado a reconstruir eternamente uma sociedade pacífica através do assassínio coletivo do bode expiatório. Esse assassinato restabelece uma sociedade pacificada. O bode expiatório é um objeto para o qual convergem todas as paixões e desejos. Pode ser um homem linchado, um povo exterminado. Mais quotidianamente, pode também ser um substituto e um objeto universalmente desejado, o ouro ou o dinheiro, que toma o lugar da vítima de carne e osso. O dinheiro funciona como um chamariz que canaliza todos os desejos e impulsos violentos. Acumular por acumular permite adiar o consumo (a destruição) e a morte durante o tempo que quisermos. Nessa corrida mimética para o bode expiatório, surgem a competição e a rivalidade, o ato de pedir e de correr juntos.

Essa teoria do dinheiro como bode expiatório nos fornece uma interpretação do movimento perpétuo D-M-D (dinheiro, mercadoria, mais dinheiro) formulado por Marx, retomado por Keynes nos seus primeiros

213 Ver AGLIETTA, Michel; ORLÉAN, André (1982). *La Violence de la monnaie*. Paris: PUF.

esboços da *Teoria Geral*, mas já previsto por Aristóteles, tal como o primeiro o reconheceu.[214] Eu desejo os objetos dos outros. Simplesmente quero outras pessoas, e provavelmente não para o seu próprio bem. O dinheiro, equivalente absoluto de todas as riquezas e de todos os objetos, me permite desviar para ele esse desejo *a priori* violento. Valorizando tudo, ele é em si mesmo inútil, com o maravilhoso poder de crescer indefinidamente. Ele me permite enriquecer, sem que os outros fiquem mais pobres. De fato, é este o sentido da economia capitalista: o tamanho do bolo está sempre aumentando, e esse aumento atrasa os momentos de partilha brutal, quando pilhamos, capturamos e assaltamos o que pertence aos outros. A rivalidade entre os atores do mercado é regulada pela criação de um sinal unanimemente reconhecido como representando a riqueza social. O dinheiro desempenha esse papel, para grande benefício dos bodes expiatórios de carne e osso.

Os antropólogos notam que nunca é sacrificado nenhum animal selvagem, mas sempre um animal doméstico: ovelha, cabra, galinha, búfalo, cavalo, porco, raramente um cão. Não há sacrifício entre os caçadores-coletadores. O sacrifício ocorre quando a vida é domesticada, selecionada, controlada e reproduzida pelos seres

214 Ele o descreve como "o grande pensador que analisou pela primeira vez a forma valor, assim como tantas outras formas, seja do pensamento, da sociedade ou da natureza" [MARX, Karl (1867). *Le Capital*: critique de l'économie politique, livre premier – le développement de la production capitaliste. t. 1. Paris: Éditions Sociales, 1973, p. 59].

humanos, que parecem conscientes de ter capturado uma parte do domínio divino. Marcel Hénaff, por exemplo,[215] associa a emergência do fenômeno sacrificial à emergência do domínio técnico do mundo através da domesticação. E então é captado o próprio poder de reproduzir a vida, a capacidade de aumentar a quantidade de organismos vivos disponíveis. O sacrifício é uma forma de fazer com que os deuses aceitem esse poder, renunciando simbolicamente a ele e devolvendo-lhes o controle último sobre a natureza. O sacrifício restabelece o equilíbrio entre o cosmos e a terra, a relação entre o mundo dado e o mundo transformado. Ele recupera o que foi conquistado no mundo natural e estabelece ou restabelece a ordem das coisas. Ele desempenha um papel de regulação da natureza e da cultura e responde ao desencantamento do mundo. As múltiplas funções do sacrifício foram assumidas pelo conhecimento racional e pelas técnicas de transformação. Com o sacrifício, já não é preciso se desculpar. Sacrifica-se o gado: *pecúnia*. Sacrifica-se o dinheiro. Nós pagamos. O que é o sacrifício do dinheiro senão a sua destruição perpétua para recomeçar a acumulação *ad infinitum*, para restabelecer o equilíbrio social que é sempre posto em causa e ultrapassado? O trabalho une as pessoas na acumulação, a despesa as une na destruição. Mas, de tempos a tempos, a atração do dinheiro aparece como aquilo que

215 Por exemplo: HÉNAFF, Marcel (2002). *Le Prix de la vérité*: le don, l'argent et la philosophie. Paris: Seuil.

é: uma atração pela carne e pelo sangue, pela violência. E a violência carnal, não virtual, renasce.

As teses de Georges Bataille sobre a guerra e as despesas sumptuárias adquirem aqui todo o seu significado.[216] Leitor de Freud, Bataille, que se interessa por todas as disciplinas para definir conceitos como o erotismo, a violência, a transgressão e o sagrado, é também leitor de Keynes. Depois de ter publicado em 1933, em *La Critique Sociale*, "A Noção de Dispêndio", dedicou muito tempo e energia escrevendo aquilo que ele próprio descreveu como "uma obra de economia política", na qual procurava "dar uma melhor explicação geral das razões por detrás do mistério das garrafas de Keynes, prolongando os desvios exaustivos da exuberância através da alimentação, da morte e da reprodução sexual".[217] Lembremos que as garrafas de Keynes são aquelas cheias de notas para serem enterradas num campo de lixo.[218] A "parte maldita" é a despesa improdutiva, a destruição dos excedentes, que tem desempenhado um papel vital na sobrevivência das sociedades em todas as civilizações. O drama do capitalismo é ter excluído as despesas improdutivas, uma

216 Sobre Bataille e as despesas, ver MARIE, Pierre (2005). *Les Fous d'en face*: lecture de la folie ordinaire. Paris: Denoël, p. 107.

217 BATAILLE, Georges (1949). *La Part maudite*. Paris: Minuit, 1967, p. 53.

218 Bataille conhecia a teoria do dinheiro de Freud: "no inconsciente, as jóias, tal como os excrementos, são materiais amaldiçoados que brotam de uma ferida, partes do eu destinadas a um sacrifício ostensivo (são de fato utilizadas para presentes sumptuosos carregados de amor sexual)" [BATAILLE, Georges (1949). *La Part maudite*. Paris: Minuit, 1967, p. 29].

exclusão racionalizada pelo calvinismo, por um lado, e pela economia clássica, por outro, que não podem conceber uma atividade econômica destinada não à satisfação das necessidades e à acumulação de capital, mas ao gozo gratuito assim como à destruição e à perda: "o ódio à despesa é a razão de ser e a justificação da burguesia: é ao mesmo tempo o princípio da sua terrível hipocrisia".[219] Ao contrário dos aristocratas, que ostentam um consumo desnecessário e conspícuo, os burgueses escondem as suas despesas.

Bataille considerava que, mesmo no mundo moderno e nos Estados Unidos em particular, o crescimento exigia uma "parte maldita", a criação de bens sem compensação, a construção de pirâmides. São, evidentemente, as despesas militares e as guerras que desempenham um papel importante nesse contexto:

> Neste momento, está em curso um imenso esbanjamento: depois de um século de colonização e de paz industrial, atingido o limite provisório do desenvolvimento, as duas guerras mundiais ordenaram as maiores orgias de riquezas – e de seres humanos – de que a história tem registo.[220]

Felizmente, nem sempre é assim. Há períodos na história "em que o aumento da vida sumptuosa e a redução da atividade bélica dão ao excedente o seu resultado mais

219 BATAILLE, Georges (1949). *La Part maudite*. Paris: Minuit, 1967. p. 38.

220 BATAILLE, Georges (1949). *La Part maudite*. Paris: Minuit, 1967. p. 75.

humano".[221] Foi o que aconteceu no pós-guerra (Bataille publicou em 1949), quando a criação de sistemas de segurança social assegurou a existência de "uma maior proporção da riqueza consagrada à despesa improdutiva".[222] É verdade que há outras formas, para além da violência, de vencer a atração do dinheiro: gastar em viagens e coisas bonitas, em presentes para os amigos. Mas a busca do belo não está ao alcance de todos, e o mercado da arte contaminou o que antes era luxuoso: a acumulação se aninha nas obras-primas.

O fato é que, além do engano, existe a violência real, sangrenta e destrutiva. O que acontecerá quando a economia estiver inteiramente sujeita à lei do mercado, até os menores detalhes da vida? Que povos, que classes, que grupos étnicos serão utilizados como bodes expiatórios? Acumular é repelir a violência; chega um momento em que a violência já não pode ser contida e se expressa.[223] É a violência da multidão, cega, excitada, das bolsas de valores ou dos arruaceiros. Nos grandes momentos, o dinheiro aparece como o que é, um simples véu, não de trocas pacíficas, como acreditam os economistas, mas de violência e morte: em 1914, em 1929, em 1940.

221 BATAILLE, Georges (1949). *La Part maudite*. Paris: Minuit, 1967, p. 143.

222 BATAILLE, Georges (1949). *La Part maudite*. Paris: Minuit, 1967, p. 188.

223 "O mercado contém o pânico", escreve Jean-Pierre Dupuy [DUPUY, Jean-Pierre (1992). *Le Sacrifice et l'envie*. Paris: Calmann-Lévy, p. 318], jogando com o significado do verbo conter. Nesse livro, o autor demonstra de forma convincente o mimetismo e a inveja em ação, não só nas propostas de Keynes, como é óbvio, mas também nas de Smith e Hayek.

A DÍVIDA DA VIDA: CAPITALISMO E CULPA

Um homem só pode morrer uma vez. Temos uma dívida para com Deus (...). Quem morre este ano está quites para o ano que vem.

Shakespeare, Henrique IV, Parte 2, III, 2.

Em *Memórias da Casa dos Mortos*, Dostoievski disse que "o dinheiro é uma liberdade que soa e ressoa". Ele tem um poder libertador, no sentido em que nos liberta das dívidas. E a primeira dessas dívidas, a dívida original, aquela que dá origem a todas as nossas culpas, como dizem os cristãos, é a dívida da vida, porque agora devemos algo àquilo que nos trouxe ao mundo: "a humanidade herdou também, juntamente com as divindades da raça e da tribo, a pressão das dívidas não pagas e o desejo de pagá-las".[224] Para o filósofo, "a noção moral fundamental de 'culpa' tem as suas origens na própria noção material de 'dívida'".[225] Ao secularizar o dinheiro, a humanidade recuperou o tempo que só pertence a Deus. Recuperou o que era imprescritível, a dívida da

224 NIETZSCHE, Friedrich (1887). *Généalogie de la morale*. Paris: Flammarion, 2002, p. 103.

225 NIETZSCHE, Friedrich (1887). *Généalogie de la morale*. Paris: Flammarion, 2002, p. 73.

vida. A secularização do tempo – contra a qual os cristãos, incluindo Tomás de Aquino e Lutero, tanto lutaram – é um grande avanço conceitual que contribuiu para a emergência do capitalismo.[226] O puritano de Weber, pelo seu esforço, pelo seu trabalho acumulado, devolve o que lhe foi emprestado por Deus: o tempo, que é dinheiro, e o dinheiro, que é a dívida da vida.

Devemos isso a quem nos deu à luz, a Deus, à natureza: "cada um de nós tem uma dívida de morte com a natureza e deve estar preparado para pagar essa dívida".[227] Nós assumimos esse empréstimo, essa "obrigação", da qual nos libertamos quando morremos. Nós a pagamos através do nosso trabalho, que contém uma "elevada proporção de componentes libidinais, narcísicas e eróticas" que justificam a nossa existência social. Como o Estado conseguiu abolir a violência dos homens uns contra os outros, a violência dos irmãos acorrentados pelo assassinato do pai, a violência recíproca da vingança? Ora, assumindo a dívida. Ao fazê-lo, garantiu a nossa vida, adquiriu o monopólio da violência e, em troca, nos ofereceu os títulos – os signos monetários – que nos permitem viver e trabalhar em sociedade: "Essa transferência da dívida da vida para a instituição soberana (...) é de fato (...) a origem régia do

226 Sobre este assunto, ver MARIS, Bernard (2006). *Antimanuel d'économie*, 2: Les Cigales. Rosny-sous-Bois: Bréal.

227 FREUD, Sigmund (1915). *Actuelles sur la guerre et sur la mort*. OC, vol. 13, p. 142.

direito de graça".[228] O Estado torna-se o garante da vida humana. Como preço, emite títulos monetários. Quanto mais a violência humana ressurge, mais ele emite títulos monetários: a acumulação capitalista – a acumulação de dinheiro, de dívidas circulantes – corresponde a uma contenção cada vez mais forte da violência. Porque o bolo está crescendo. E com ele, a violência contida.

De onde vem, então, a liberdade econômica dos seres humanos, a liberdade do mercado? Da possibilidade de se libertarem das dívidas que tinham contraído com os poderes feudais, dívidas pessoais de vassalo para com o suserano ou de servo para com o senhor. A abstração das dívidas, tornada possível pela generalização da moeda, libertou as pessoas dos laços pessoais. A dívida torna-se transferível e circulável, a própria essência da economia monetária. O capitalismo inventou um sistema igualitário em que cada vez mais indivíduos não devem nada a ninguém. O mercado é, portanto, um sistema extraordinário de abstração, de transmissibilidade e de liquidação da dívida. É um sistema absolutamente laico, ateu, pode-se dizer, em que as dívidas são quantificáveis, visíveis, impessoais, porque se referem a coisas: "perguntamo-nos se todo o enorme movimento da economia moderna (...) não será, em última análise, o último e mais radical meio de acabar com os deuses, com a dádiva, com a dívida".[229] Nesse sistema,

228 HÉNAFF, Marcel (2002). *Le Prix de la vérité*: le don, l'argent et la philosophie. Paris: Seuil, p. 314.

229 HÉNAFF, Marcel (2002). *Le Prix de la vérité*: le don, l'argent et la philosophie. Paris: Seuil, p. 33.

> A ligação baseia-se na importância das coisas, dos bens que circulam, enquanto os serviços de Mauss se baseiam na importância das relações. O sistema econômico moderno transferiu a dependência das pessoas para as coisas.[230]

Marx não diz outra coisa a propósito da "reificação".

Dívida, violência, culpa. O comércio nasceu da culpa, do "pecado a partilhar", diz Norman Brown: o homem primitivo dava para se livrar do fardo do pecado e partilhar o seu peso. Da mesma forma, o homem moderno entra na organização social para partilhar a culpa, que é, mais uma vez, apenas uma manifestação do diabo: "como diz Lutero, o diabo (a culpa) é o senhor deste mundo".[231] É claro que o sofrimento acompanha a culpa, e na primeira linha das suas manifestações, está o trabalho sem prazer, simples cultivo do sentimento de culpa; a divisão do trabalho é uma organização da culpa partilhada. No tempo cumulativo, o tempo do capitalismo, as contas nunca são saldadas, e o excedente econômico nunca pode ser a prova da expiação, pois esse excedente está condenado a crescer. Mas, ao acumular riqueza, o indivíduo carrega sobre os ombros a sua própria culpa,

230 GODBOUT, Jacques T. (2007). *Ce qui circule entre nous*: donner, recevoir, rendre. Paris: Seuil, p. 161.

231 BROWN, Norman O. (1959). *Life against death*: the psychoanalytical meaning of history. Middletown: Wesleyan University Press; *Éros et Thanatos*. Paris: Denoël, 1972, p. 336.

e a visão desse fardo é, sem dúvida, agradável aos olhos de Deus: no protestantismo, a acumulação de riqueza pode ser o sinal exterior da graça.[232] É por isso que o sofrimento e a culpa circulam nos mercados.

Para o psicanalista, a neurose é frequentemente definida como uma dívida impagável. A existência de uma dívida original, que é a consciência culpada que impede o ser humano de se libertar do passado e que faz com que, no presente, ele pague juros pelo passado, marca uma culpa que provém de uma dívida que nunca poderá ser paga. O cristianismo perpetua essa culpa: "o advento do Deus cristão, como o maior dos deuses até agora alcançados, deu também origem, por essa razão, ao maior grau de culpa na terra".[233] Ele obriga e culpabiliza,[234] ele é

232 Brown, citando a página 346 de *As Feridas Simbólicas* (*Les Blessures symboliques*, 1954), de Bruno Bettelheim, salienta que a psicologia da dádiva é feminina, enquanto a da troca comercial (em que se trocam bens) é masculina. Assim, a dádiva destrói a culpa através da identificação com a mãe, enquanto a posse, identificada com o pai, transforma a culpa em agressão. Esta última manifesta-se na manipulação agressiva da natureza através de invenções técnicas. Referimo-nos aqui à substituição das mitologias patriarcais (destrutivas) pelas mitologias matriarcais (protetoras). Ver, por exemplo, a introdução de Robert Graves à sua bela obra *Os Mitos Gregos* (*Les Mythes grecs*, 1955).

233 NIETZSCHE, Friedrich (1887). *Généalogie de la morale*. Paris: Flammarion, 2002, p. 104.

234 Pense no grande dragão "brilhante de ouro, um animal escamoso, e em cada uma das suas escamas, em letras de ouro, brilha 'Tu deves!'" [NIETZSCHE, Friedrich (1883-1885). *Ainsi parlait Zarathoustra*. Paris: Gallimard, 1971, p. 39]. "Deves" nos dois sentidos da palavra.

> o expediente paradoxal e terrível que ofereceu à humanidade martirizada um alívio temporário, esse golpe de gênio do cristianismo: o próprio Deus se sacrificando pela dívida humana, Deus se pagando a partir de si mesmo, Deus como o único que pode redimir o ser humano daquilo que o próprio ser humano já não pode redimir – o credor se sacrificando pelo seu devedor, por amor (alguém acreditará?) – por amor ao seu devedor.[235]

Esse é o fundamento do ser humano eternamente culpado.

O ateísmo de Keynes e Freud deve ser mencionado aqui.[236] É claro que a morte cancela as dívidas, mas o

235 NIETZSCHE, Friedrich (1883-1885). *Ainsi parlait Zarathoustra*. Paris: Gallimard, 1971, p. 105.

236 É aqui que os seus caminhos, tal como o de Nietzsche, divergem do caminho que se revelou a René Girard, para quem os psicanalistas, na sua interpretação errônea das Escrituras, "têm atrás de si as autoridades mais seguras, todos os Marx, todos os Nietzsche e todos os Freud de acordo finalmente, de acordo apenas neste ponto que convém acusar os evangelistas" [GIRARD, René (1999). *Je vois Satan tomber comme l'éclair*. Paris: Grasset, p. 164]. Nesse livro com o título surpreendente de *Satanás Caiu Como um Relâmpago*, Girard escreve: "os evangelistas, vemos, demonstram um conhecimento verdadeiramente vertiginoso, uma capacidade muito segura de distinguir as ressurreições míticas da Ressurreição evangélica. Os incrédulos, pelo contrário, confundem os dois fenômenos" [GIRARD, René (1999). *Je vois Satan tomber comme l'éclair*. Paris: Grasset, p. 180]. Para Girard, a Bíblia contém o antídoto à violência: "reconhecer Cristo como Deus é reconhecer nele o único ser capaz de transcender essa violência que até então tinha transcendido absolutamente o homem" [GIRARD, René (1978). *Des choses cachées depuis la fondation du monde*. Paris: Grasset, p. 300]. Essa posição não é evidentemente conciliável com a de Freud, para quem a religião é uma ilusão, "a neurose do constrangimento universal da humanidade", da qual ela terá de se libertar para que

ateísmo também o faz. O ateísmo pode libertar a humanidade de qualquer sentimento de dívida para com a sua origem, para com a sua *causa prima*. O ateísmo anda de mãos dadas com uma espécie de segunda inocência, como diz Nietzsche. Caso contrário, a culpa continuará a ser a mola mestra da cultura (Freud) ou do capitalismo (Keynes). A dívida da vida é impagável porque é ilimitada. A humanidade transmite a dívida de geração em geração, e transmitindo um capital crescente: "por mais que nos esforcemos, a mais longa vida bem passada nunca nos permitirá pagar mais do que uma parte imperceptível do que recebemos".[237] A culpa é uma obsessão por uma dívida que não pode ser paga ou evitada, e o capitalismo adora a culpa. Ele ama que as pessoas procurem trabalho, mesmo que não tenha emprego para lhes oferecer. A dívida que os puritanos de Max Weber nos transmitem em *A Ética Protestante e o Espírito do Capitalismo* é o trabalho acumulado, em outras palavras, o capital. As pessoas trabalham arduamente toda a vida, orgulham-se do seu ofício, da sua atividade, e acumulam tanto quanto estão desligadas do mundo. Os Quakers e os Menonitas são tão ricos como são materialistas. A acumulação

"a vida se torne suportável para todos e a cultura não oprima mais ninguém" [FREUD, Sigmund (1927). *L'Avenir d'une illusion*. OC, vol. 18, pp. 184 e 191]. Keynes escreveu a Lytton Strachey em 8 de março de 1906, propondo a autobiografia de Sidgwick: "por que é que eles se preocuparam com Deus, quando é óbvio que sempre souberam muito bem que essa pessoa não existe?"

237 COMTE, Auguste (1841). *Catéchisme positiviste*. Paris: Garnier-Flammarion, 1966, p. 238.

é um fim em si mesmo, e o protestante responde, se perguntamos "qual o 'sentido' da atividade incessante (...): "trabalho para os meus filhos e netos".[238] A dívida transmite-se de geração em geração, como uma recusa hereditária da vida. Cristão, culpado, avarento, condenado a acumular dinheiro como preço da sua culpa, para a redimir eternamente. Mas como reparar com Deus, com o Infinito, sem reparar sempre de novo?

O Pai Grandet de Balzac[239] não é o golpista, o jogador, o predador, o especulador que foi Keynes. Ele é trabalhador, ele tem "o dever de conquistar na luta quotidiana a certeza subjetiva da sua própria eleição e de sua justificação".[240] Ele é um santo. Ele faz parte desses "comerciantes puritanos com o temperamento firme dos tempos heroicos do capitalismo".[241] A recusa de viver lhe traz a autorrealização e a autoconfiança, bem como a certeza da graça. O capitalista não vive, mas o dinheiro vive para ele; gera, produz descendência. No seu "Conselho a um Jovem Comerciante" (1748), Benjamin Franklin disse:

238 WEBER, Max (1904-1905). *L'Éthique protestante et l'esprit du capitalisme*. Paris: Plon, 1964, pp. 72/73.

239 O último livro que Freud leu foi um romance de Balzac, *La Peau de Chagrin*. Depois de o terminar, disse ao seu médico: "era mesmo o livro de que eu precisava; é sobre o encolhimento e a morte por inanição" [SCHUR, Max (1975). *La Mort dans la vie de Freud*. Paris: Gallimard, p. 621].

240 WEBER, Max (1904-1905). *L'Éthique protestante et l'esprit du capitalisme*. Paris: Plon, 1964, pp. 127/128.

241 WEBER, Max (1904-1905). *L'Éthique protestante et l'esprit du capitalisme*. Paris: Plon, 1964, pp. 127/128.

"lembre-se que o dinheiro é, pela sua própria natureza, *generativo* e *prolífico*. O dinheiro gera dinheiro, a sua descendência pode gerar mais dinheiro, e assim por diante".[242] *Tokos* significa ao mesmo tempo "criança" ou "pequeno" e "interesse"; *tokoi tokôn*, "interesses dos interesses" ou os "pequenos que fazem pequenos" por sua vez: é o que o capitalista de Weber reverencia e o que Keynes odeia depois de Aristóteles,[243] o que Freud deplora e o que ele considera "uma fase neurótica",[244] a única qualificação que se pode dar a qualquer fenômeno religioso, em particular à religião do trabalho como pagamento da dívida da vida e redenção da culpa cristã.

> Estas [as representações religiosas], que se apresentam como dogmas, não são precipitações da experiência ou resultados últimos do pensamento; são ilusões, a realização dos desejos mais antigos, mais fortes e mais prementes da humanidade; o segredo da sua força é a força desses desejos.[245]

242 Citado em WEBER, Max (1904-1905). *L'Éthique protestante et l'esprit du capitalisme*. Paris: Plon, 1964, p. 45.

243 "O que pode ser mais odioso do que o tráfico de dinheiro, que consiste em dar para obter mais, desviando assim o dinheiro do seu objetivo original" [ARISTÓTELES (1971). *Politique*. Trad. Marcel Prélot. Paris: Gonthier, pp. 34/35].

244 FREUD, Sigmund (1927). *L'Avenir d'une illusion*. OC, vol. 18, p. 194.

245 FREUD, Sigmund (1927). *L'Avenir d'une illusion*. OC, vol. 18, p. 170.

A CONCORRÊNCIA E A MORTE

A concorrência de Keynes não é a do comércio "suave" de Montesquieu, autor por quem, aliás, ele tem um grande respeito,[246] mas aquele que se refere falsamente a Darwin, por quem ele tem ainda maior admiração. Essa concorrência é a "lei da selva", o darwinismo sem Darwin, ou seja, o darwinismo revisitado por Spencer,[247] o "darwinismo social", a seleção dos mais fortes através da agressão. No darwinismo, o verdadeiro darwinismo, o instinto coletivo de sobrevivência da espécie vence a pulsão de morte que está ancorada nos indivíduos e é um complemento da seleção natural. Muito antes de Girard, a concorrência de Keynes é a do mimetismo e da inveja,[248] o veneno das sociedades modernas, estandardizadas e indiferenciadas. A inveja é filha da igualdade: "ao proclamarmos a igualdade de todos, promulgamos a declaração dos direitos da inveja".[249] Esse receio foi partilhado por muitos escritores do século XIX que viram surgir a democracia, as massas e o seu governo. A multidão,

246 Ver o seu prefácio à edição francesa da *Teoria Geral*.

247 KEYNES, John Maynard (1926). *The End of Laissez-Faire*. Londres: Hogarth Press; *La Fin du laissez-faire*. *In*: KEYNES, John Maynard (2002). *La Pauvreté dans l'abondance*. Paris: Gallimard, p. 73.

248 "Essa espécie de tristeza misturada com o ódio que resulta do fato de vermos coisas boas acontecerem àqueles que julgamos não serem dignos delas" [DESCARTES (1649). *Les Passions de l'âme*. Ed. B. Timmermans. Paris: Livre de Poche, 1990, terceira parte, artigo 182].

249 BALZAC (1839). *Beatrix*. Paris: Gallimard, 1979, p. 412.

as massas, parecem ser as novas personagens da sociedade moderna, capazes de serem manipuladas, enganadas, exaltadas e até massacradas. A guerra de 1914-1918, a primeira guerra de massas, foi um choque enorme tanto para Freud como para Keynes.[250] A acumulação e a desigualdade prepararam caminho para a guerra: "não era natural que uma população da qual tão poucos gozavam dos confortos da vida tivesse acumulado tanto. A guerra revelou a todos as possibilidades de consumo e a muitos a inanição da abstinência".[251] O que é a abstinência perante os campos de cadáveres do Somme, onde a juventude britânica foi sacrificada?

A propósito da crise de 1929, Keynes escreveu: "os sinais de hoje mostram claramente que os banqueiros do mundo decidiram se suicidar".[252] Os banqueiros, seguindo o instinto de lucro a curto prazo, em vez de soltarem os travões monetários, incentivam a poupança

250 Tal como a maioria dos seus amigos de Bloomsbury, Keynes declarou-se objetor de consciência quando o governo britânico introduziu o serviço militar obrigatório na Primeira Guerra Mundial. Já na altura da Guerra dos Bóeres, tinha manifestado a sua profunda aversão aos sentimentos bélicos. Ver DOSTALER, Gilles (2005). *Keynes et ses combats*. Nouvelle édition revue et augmentée. Paris: Aibin Michel, 2009, capítulo 4 (Bibliothèque de l'Évolution de l'Humanité).

251 KEYNES, John Maynard (1919). *The Economic Consequences of the Peace*. Londres: Macmillan; JMK, vol. 2; *Les Conséquences politiques de la paix*. Paris: Gallimard, 2002, p. 34.

252 KEYNES, John Maynard (1932). "Banks and the collapse of money values". *Vanity Fair*, jan. 21-3; "Les effets de l'effondrement des prix sur le système bancaire". *In*: KEYNES, John Maynard (1971). *Essais sur la monnaie et l'économie*. Paris: Payot, p. 78.

em tempos de depressão. As nações fecham-se em si mesmas. Agarram-se à poupança e ao ouro.[253] A explosão é uma ameaça. Fala-se hoje do "suicídio" dos banqueiros, em plena crise das hipotecas, dos créditos imobiliários para os pobres.

Os seres humanos têm escolha? Não serão eles apanhados pela máquina, pela espiral do crescimento? O crescimento libertou o ser humano da pressão natural da sobrevivência imediata, "mas é do seu libertador que ele não é libertado".[254] A sujeição à pressão natural foi sucedida pela sujeição à tecnologia e ao crescimento. Keynes estava perfeitamente consciente de que o crescimento era uma forma de escravatura que respondia à violência da concorrência. Por esta razão, era hostil à ideologia do *laissez-faire* e desconfiava da noção de liberdade que os liberais brandiam a todo o momento: "não é verdade que os indivíduos possuam à título prescritivo uma 'liberdade natural' nas suas atividades econômicas",[255] uma afirmação que respondia à afirmação de Freud de que "a liberdade individual não é um bem

253 Em várias ocasiões, Keynes criticou a atitude do Bando da França e dos franceses, que estavam sentados em pilhas de ouro que tinham relutância em fazer circular.

254 DEBORD, Guy (1967). *La Société du spectacle*. Paris: Gallimard, 1992, p. 38.

255 KEYNES, John Maynard (1926). *The End of Laissez-Faire*. Londres: Hogarth Press; *La Fin du laissez-faire*. *In*: KEYNES, John Maynard (2002). *La Pauvreté dans l'abondance*. Paris: Gallimard, p. 78.

cultural".[256] Para alcançar esse objetivo, Keynes apelou à "eutanásia do rentista" e aplaudiu a proposta de Silvio Gesell de "moedas de fusão", utilizadas apenas para troca e não para acumulação.

O crescimento faz parte do plano da humanidade, talvez do seu plano natural:

> Assim, a natureza nos fez evoluir especificamente – com todos os nossos impulsos e instintos mais profundos – para resolver o problema econômico. Se este problema for resolvido, a humanidade será privada do seu objetivo tradicional.[257]

Em breve, as nossas necessidades serão satisfeitas, a luta contra a escassez deixará de ter qualquer significado; a inveja e o ciúme, forças motrizes do ódio e da concorrência,[258] do desejo de estar acima dos nossos semelhantes, deixarão de ter energia para brilhar. Mas o "plano natural" da humanidade não seria desaparecer?

256 KEYNES, John Maynard (1930). *A Treatise on Money*. Londres: Macmillan; vol. 1: *The Pure Theory of Money*; vol. 2: *The Applied Theory of Money*; JMK, vol. 5 e 6, p. 39.

257 KEYNES, John Maynard (1930). "Economic possibilities for our grandchildren". *Nation and Athenaeum*, vol. 48, 11 e 18 out., pp. 36/37 e 96/98; JMK, vol. 9, pp. 321-332; "Perspectives économiques pour nos petits-enfants". *In*: KEYNES, John Maynard (2002). *La Pauvreté dans l'abondance*. Paris: Gallimard, p. 112.

258 Sobre a concorrência e a morte, ver THUREAU-DANGIN, Philippe (1995). *La Concurrence et la mort*. Paris: Syros.

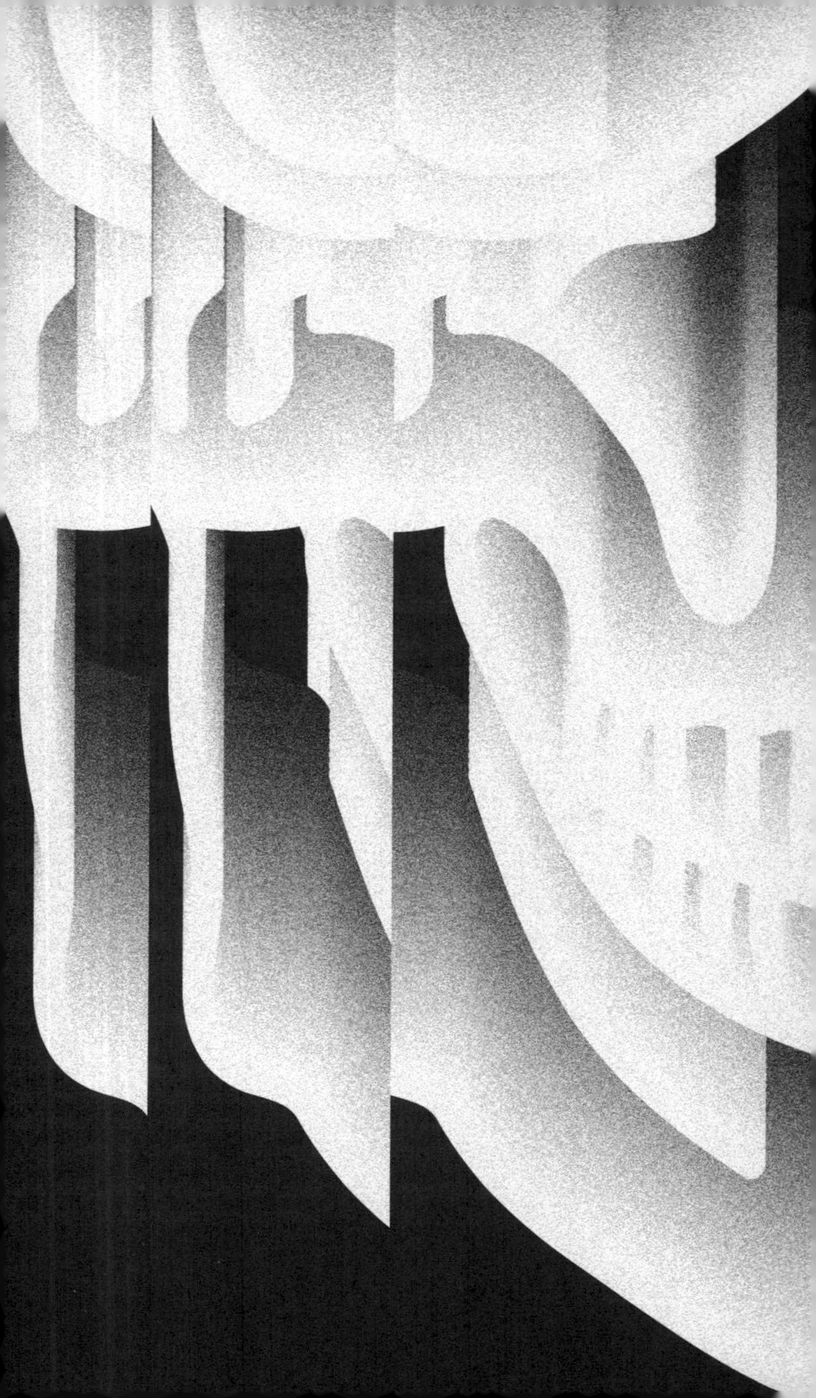

3

FREUD E KEYNES HOJE

Assim, a história original da humanidade está repleta de assassinatos. Ainda hoje, o que os nossos filhos aprendem na escola como história do mundo é essencialmente uma série de assassinatos entre povos.

Freud, Por que a guerra?,
1915.

O capitalismo decadente, internacional, mas individualista, em cujas mãos nos encontramos depois da guerra, não é um sucesso. Não é inteligente, não é belo, não é justo, não é virtuoso – e não cumpre o que promete. Em suma, não gostamos dele e estamos começando a desprezá-lo.

Keynes, "National self-sufficiency",
1933.

Freud descreve uma dialética de violência e paz num mundo marcado pela escassez, concorrência, incerteza e ansiedade. Keynes reconheceu que "a posse de dinheiro acalma a nossa ansiedade",[259] mas é um anestésico com efeitos colaterais potencialmente letais, como se vê mais uma vez quando a acumulação de somas prodigiosas de dinheiro em todo o mundo está prestes a desencadear uma grave recessão econômica, que resultará numa maior deterioração das condições de vida de centenas de milhões de seres humanos. No momento em que escrevemos estas linhas, estima-se que mais de 900 milhões de pessoas em todo o mundo estejam passando fome. Em 20 de outubro de 2008, na sequência da eclosão da pior crise financeira mundial desde 1929, a Organização Internacional do Trabalho previu que essa crise poderia aumentar o número de desempregados no mundo de 190 milhões em 2007 para 210 milhões no final de 2009: mais angústia e sofrimento para 20 milhões de pessoas, enquanto os responsáveis pela derrocada financeira saem de paraquedas dourados. Ainda de acordo com a OIT, o número de trabalhadores pobres, que ganham menos de um dólar por dia, deverá aumentar em 40 milhões, e o número de pessoas que ganham menos de dois dólares, em 100 milhões, durante o mesmo período. Relativamente intocadas até agora, as chamadas "classes

259 KEYNES, John Maynard (1937). "The general theory of employment". *Quarterly Journal of Economics*, vol. 51, pp. 209-223; JMK, vol. 14, pp. 109-123; KEYNES, John Maynard (2002). *La Pauvreté dans l'abondance*. Paris: Gallimard, p. 252.

médias" também deverão ser afetadas.

Keynes dizia, no entanto, que, para sairmos do reino da escassez, teríamos de continuar durante algum tempo a brincar com o fogo, a adorar o Bezerro de Ouro e a acumular:

> Durante pelo menos mais cem anos, teremos de fingir para nós próprios e para todos os outros que o justo é insensato e o insensato é justo, porque o insensato é útil e o justo não. A avareza, a usura e a previdência terão de ser os nossos deuses por mais algum tempo. Porque só eles nos guiarão para fora do túnel da necessidade econômica e para a luz do dia.[260]

A um leitor que ficou chocado com essa frase cínica, e que o fez saber nas colunas da revista *Nation and Athaeneum*,[261] Keynes respondeu em 24 de outubro: "faço perguntas que são simultaneamente *num* e *nonne*". Isto significa que a resposta pode ser negativa ou positiva.

Por seu lado, Freud concluiu o manuscrito de *O Mal-Estar na Cultura*, entregue à tipografia em novembro de

260 KEYNES, John Maynard (1930). "Economic possibilities for our grandchildren". *Nation and Athenaeum*, vol. 48, 11 e 18 out., pp. 36/37 e 96/98; JMK, vol. 9, pp. 321-332; "Perspectives économiques pour nos petits-enfants". *In*: KEYNES, John Maynard (2002). *La Pauvreté dans l'abondance*. Paris: Gallimard, p. 117.

261 Foi nessa revista político-literária, cujo conselho de administração era presidido por Keynes, que o livro foi publicado em duas partes, a 11 e 18 de outubro de 1930, "Perspectivas Econômicas para os Nossos Netos". Várias versões desse ensaio tinham sido apresentadas oralmente por Keynes desde fevereiro de 1928.

1929, uma semana após o *crash* de Wall Street, manifestando a esperança de que "o eterno Eros faça um esforço para se afirmar na luta contra o seu adversário igualmente imortal".[262] Na segunda edição, publicada em 1931, ele acrescenta: "mas quem pode prever o sucesso ou o resultado?" O seu pessimismo crescia. Os acontecimentos que se seguiram levaram-no, sem dúvida, a acreditar que Thanatos iria vencer. Viu os nazis em ação, revelando o Estado totalitário e, através dele, o mito do "cupinzeiro", no qual a consciência dos indivíduos é abolida em favor do "todo", um todo terreno e demoníaco, o "todo-Estado" encarnado no Führer. Os seus livros foram queimados. Teve de se exilar em Londres, onde chegou em 6 de junho de 1938 e onde, em 23 de setembro de 1939, logo após o início da Segunda Guerra Mundial, morreu depois de ter pedido uma injeção de morfina para pôr fim ao sofrimento cada vez mais intolerável de que padecia devido a um câncer do maxilar detectado em 1923. No dia de Páscoa de 1946, Keynes sofreu um ataque cardíaco, sem dúvida um efeito dos enormes esforços que tinha feito durante a guerra para ajudar a construir um mundo melhor e mais pacífico. Apesar de ter uma visão mais otimista do mundo do que Freud, nos últimos anos da sua vida, após os repetidos fracassos nas negociações com os Estados Unidos, estava, no entanto, cada vez mais desiludido com a possibilidade de um mundo melhor.

262 FREUD, Sigmund (1930). *Le Malaise dans la culture*. Paris: PUF, 1995, p. 89.

Definitivamente, os dois pensadores deixaram uma mensagem inquietante: a humanidade quer destruir-se a si própria, mesmo quando parece estar construindo algo. Não se trata apenas de uma dialética entre o bem e o mal, Freud encontrando: "as antigas mitologias e metafísicas do Oriente, que colocavam a luta entre o amor e o ódio nas origens do universo".[263] O bem utiliza o mal que há nele, e vice-versa. Em *A Religião nos Limites da Simples Razão*, Kant, um filósofo admirado por Freud, desenvolve uma teoria do mal radical: "há no ser humano uma inclinação natural para o mal: e essa inclinação (...) deve ser procurada, em última análise, no livre-arbítrio".[264] O mal é radical porque manifesta a impotência humana de erigir as suas máximas em leis universais; ela é consubstancial à liberdade humana.

No capitalismo, os impulsos agressivos fornecem a energia necessária para transformar, dominar e explorar permanentemente a natureza em benefício da humanidade; e à destrutividade socialmente canalizada junta-se a libido socialmente canalizada. Eros se põe a trabalhar e a humanidade progride. Por vezes, Eros, acreditando dominar Thanatos, torna-se submisso a ele, e a violência é desencadeada em todas as formas em que o ser humano se sobressai. Mas o mal é, a torto e a direito, devolvido ao seu rebanho. A violência, outrora tolerada, é criminalizada.

263 DELUMEAU, Jean (1978). *La Peur en Occident (XIV-XVIII siècles)*: une cité assiégée. Paris: Fayard, p. 18.

264 KANT, Emmanuel (1793). *La Religion dans les limites de la simple raison*. Paris: Vrin, 1979, p. 58.

Os autores de crimes contra a humanidade são perseguidos. A violência está em todo o lado, mas a democracia a institucionaliza. A democracia existe para evitar que a violência se torne um sistema, como aconteceu com o Terror ou com os regimes totalitários. Mas se vê confrontada com a decadência das relações humanas, movidas apenas pelo mercado, o desejo de ganho, a posse e, como consequência, o ressentimento. Em constante flerte com a violência, ela inventa novos conceitos, como o de "guerra limpa" – como sabemos por Freud, a limpeza é um dos indicadores de civilização. Sob o silêncio dos ecrãs de radar e os *pixels* dos ataques "cirúrgicos", essas guerras limpas contém toda a perversão de que a técnica é capaz. E, no entanto, mesmo nos Estados Unidos, estão sendo inventadas novas formas de torturar e matar.

Até o século XVIII, as condições de produção agrícola mudaram muito pouco, apesar de todas as invenções. Foi o capitalismo que pôs verdadeiramente em marcha o crescimento. A razão foi posta a serviço da acumulação. A uma sociedade essencialmente orientada para a subsistência – mas ainda com uma "classe de lazer" – sucedeu uma sociedade dedicada à acumulação pela acumulação, que tende a adiar ao máximo o encontro com a morte, com o nada. A ciência está se transformando em tecnociência. Para Bachelard, um dos poucos filósofos da ciência a utilizar a psicanálise,

> parece que com o século XX começa um pensamento científico em *oposição às* sensações (...). A partir de então,

> o cérebro deixa de ser absolutamente o instrumento adequado do pensamento científico, tanto quanto dizer que o cérebro é o *obstáculo* ao pensamento científico.[265]

Brown, que cita parte dessa passagem de Bachelard, contrasta-a com uma caraterização mais contundente de Ferenczi:

> *A inteligência pura* seria assim um produto do processo de morte iminente ou, pelo menos, da instalação da insensibilidade psíquica, mas é também fundamentalmente *uma doença mental cujos sintomas podem se tornar utilizáveis a nível prático.*[266]

Para Whitehead, que foi membro do júri da dissertação de Keynes, com a filosofia científica que se desenvolveu no final do século XVII, "a natureza é um caso triste [*aborrecido*], mudo, sem perfume, sem cor: nada mais do que o curso precipitado de matéria, sem fim nem significado".[267]

A civilização nunca extingue a pulsão de morte. Ela a reprime, a desvia para o exterior, a dirige contra a

265 BACHELARD, Gaston (1938). *La Formation de l'esprit scientifique*: contribution à une psychanalyse de la connaissance objective. Paris: Vrin, 2004, p. 299.

266 FERENCZI, Sandor (1931). "La naissance de l'intellect", notes et fragments, 30 juillet. *In*: _____. *Psychanalyse IV*. Oeuvres Complètes, tomo IV, 1927-1933. Paris: Payot, 1982, p. 287.

267 WHITEHEAD, Alfred North (1925). *La Science et le monde moderne*. Paris: Vrin, 2006, p. 57.

natureza, mas ela persiste, cada vez mais poderosa. Um dia, atingirá o seu objetivo e acabará com a civilização e a humanidade. O progresso contém a regressão, tal como, em economia, o crescimento gera a crise, como Marx e, depois dele, Schumpeter tinham compreendido. Marx era um otimista, como Mill ou Keynes. Ele acreditava que, quando o proletariado tivesse eliminado a burguesia, a exploração do homem pelo homem – por outras palavras, o sofrimento – cessaria. A frustração desapareceria, assim como a própria noção de necessidade, substituída pelo prazer de trabalhar algumas horas por dia entre as horas consagradas à caça, à pesca, à jardinagem e à reflexão filosófica. O ser humano seria feliz no seu paraíso material. A necessidade e a escassez seriam substituídas pela abundância:

> Numa fase superior da sociedade comunista (...) quando, com o florescimento universal dos indivíduos, as forças produtivas tiverem aumentado, e todas as fontes de riqueza cooperativa fluírem abundantemente – só então poderemos escapar definitivamente ao horizonte estreito do direito burguês, e a sociedade poderá escrever nas suas bandeiras: "de cada um segundo as suas capacidades, a cada um segundo as suas necessidades".[268]

268 MARX, Karl (1875). "Critique du progamme du Parti Ouvrier Allemand". *In*: ______. *Oeuvres, Économie*, I. Paris: Gallimard, 1965, p. 1.420.

Esse Nirvana talvez nunca veja a luz do dia antes que a humanidade seja aniquilada sob uma montanha de objetos ou, o que é a mesma coisa, de resíduos.

Que provas existem para sugerir que Freud e Keynes têm razão? Como eles podem ajudar a compreender o nosso tempo? Esqueçamos o apocalipse e imaginemos Keynes e Freud como testemunhas do nosso tempo. Três acontecimentos contemporâneos testemunham a exatidão da sua visão.

A GLOBALIZAÇÃO

A civilização leva a humanidade a formar massas cada vez maiores. Na fase atual da globalização, tudo está sujeito à lei do capital, à lei do mercado. Nem o menor pedaço do globo escapa à lei da acumulação. Mesmo a África, considerada "intemporal", sem história, condenada a morrer, está em crescimento. A sua população está a explodir, tal como a sua violência, tal como a pilhagem das suas matérias-primas por outros países, incluindo a China. As suas costas são devastadas pelos pescadores japoneses, as suas florestas destruídas, as suas populações submetidas a genocídios tanto mais devastadores quanto a humanidade tem memória de outros genocídios, mas, finalmente, entrou no jogo do capital! A sua taxa de crescimento global mostra que, no meio de favelas e de uma poluição terrível, a acumulação prossegue a bom ritmo. Um indicador que poderia pôr em causa a capacidade do país para acompanhar a economia mundial é a taxa de fecundidade das mulheres. Mas esta começa a baixar, em sintonia com a taxa de fecundidade de todas as mulheres do mundo, que, pouco a pouco, conseguem controlar os nascimentos. O controle da natalidade começou na França em 1750, em meio a silêncio e mistério. Espalhou-se, junto ao crescimento econômico, pela Grã-Bretanha, Estados Unidos, América do Sul e países muçulmanos. Os países dominados pelo catolicismo e que pareciam destinados a ser férteis como a Espanha, a Itália e a Irlanda[269] estão ameaçados de não produzir mais filhos. Países como a Alemanha e a Rússia estão vendo a sua população diminuir. Será que a previsão de Claude Lévi-Strauss de uma implosão demográfica vai se concretizar? Pouco importa. A homogeneização do mundo está aqui, tal como a globalização e a onipresença do comportamento de poupança ocidental: poupamos dinheiro, poupamos a vida ao recusar a reprodução em excesso, e ambas as coisas estão ligadas.

269 Entre 1830 e 1870, em consequência da chamada "vingança dos berços", o Quebec registou uma das taxas de natalidade mais elevadas do mundo.

A globalização significa também o choque das civilizações

A expressão “choque de civilizações” designa o título de um artigo e depois de um livro publicados em 1993 e 1996, respetivamente, pelo politólogo conservador americano Samuel Huntington. Para Huntington, os grandes conflitos resultam atualmente de divergências culturais, como as que existem entre os mundos muçulmano, judeu e cristão. Não é preciso concordar com as suas teses e as consequências que delas retira para ver que o choque de civilizações é uma ilustração maravilhosa do “narcisismo das pequenas diferenças” de Freud. A queda do muro de Berlim e o fim do mundo bipolar relativamente estável do pós-guerra reavivaram esse narcisismo de proximidade, que se manifestou, por exemplo, na guerra civil no seio da Europa na ex-Iugoslávia, hoje na Geórgia e na Ossétia e nos conflitos que dilaceram o continente africano. O “narcisismo das pequenas diferenças” diz que quanto mais próximos estão os povos, nomeadamente em termos de nível de desenvolvimento, mais propensos estão a se odiar. Os Hutus e os seus vizinhos Tutsis falam a mesma língua. A rivalidade franco-alemã, diz Freud, foi um exemplo maravilhoso desse narcisismo. A Europa do pós-guerra foi construída para o ultrapassar. Mas a Europa é frágil e as nações estão prontas a redescobrir os seus ódios vicinais. O choque de civilizações pode ser uma construção ideológica, concebida em benefício de governos belicosos, mas ele é sobretudo uma manifestação impressionante do mimetismo do ódio. O ódio ao mundo muçulmano ou ao Estado de Israel é a prova desse narcisismo. A globalização trouxe a proximidade, o fermento do narcisismo das pequenas diferenças.

A globalização significa também a emergência dos gigantes

A emergência da China, da Índia e do Brasil é certamente um sinal de globalização. A emergência da Índia pode ter surpreendido Keynes, que começou a sua carreira como funcionário público no Gabinete dos Assuntos Indianos e cujo primeiro livro foi *Indian Currency and Finance* (1913). Era difícil imaginar, em 1944, que a Índia pudesse um dia começar a sair da pobreza – não para todos os indianos, é claro. A explosão do crescimento chinês provavelmente teria preocupado mais a Keynes, sobretudo devido à espantosa mistura de ditadura e capitalismo que o país apresenta. A retórica dos dirigentes do partido único, que combina referências ao marxismo e elogios ao crescimento capitalista, é ubuesca e esquizofrênica. A China mostra, dia após dia, que a acumulação não precisa de democracia.[270] Pelo

270 Hayek, o maior pensador do liberalismo, afirmou que o poder político autoritário combinado com uma economia livre é preferível ao poder democrático combinado com uma economia planificada. Por seu lado, referindo-se ao regime de Pinochet no Chile, Milton Friedman considerava que a ditadura podia, em determinadas

contrário, ela adora a servidão. A ausência de sindicatos livres, o que mantém os salários baixos, é a inveja dos empresários ocidentais. A ditadura chinesa se sente como um peixe na água no meio das ditaduras africanas, a quem fala não de liberdade mas de investimento e de matérias-primas. É difícil imaginar que um país com uma população de 1,3 bilhão de habitantes, uma diáspora de mais de 100 milhões, uma ambição declarada de se vingar do Ocidente que o humilhou e de ultrapassar os Estados Unidos no tempo de uma geração, um país que acaba de dar uma demonstração poderosa do seu poder com os Jogos Olímpicos, não tenha ambições políticas mundiais. Será que a China vai ser a Cartago da América? Irá se aliar à Índia – como está fazendo nos domínios militar e espacial – para lutar contra o Ocidente? A quem irá a Rússia, um país em plena corrupção, crescimento rápido e declínio demográfico, entregar o seu gigantesco armazém de material atômico?

O crescimento da China e da Índia, seguido pelo do Brasil e de outros países asiáticos emergentes, é dificilmente suportável pelo resto do mundo. A corrida ao petróleo e às matérias-primas que ele implica só pode ser feita às custas do abastecimento dos países avançados, cujo nível de vida pretende ser "inegociável", pelo menos para os mais poderosos dentre eles. É certo que a China e os Estados Unidos mantêm relações comerciais; a sua moeda é mesmo uma moeda única ou comum, com o

circunstâncias, ser o preço a pagar para restabelecer a liberdade econômica.

yuan firmemente alinhado com o dólar. Mas, noutros tempos, o comércio crescente entre a França e a Alemanha não impediu a sua rivalidade na África e a eclosão da Primeira Guerra Mundial.

Quanto tempo será necessário para que os habitantes da China tenham, digamos, não o nível, mas metade do nível de vida dos europeus? A China começa por desertificar seus próprios territórios, mas isso não significa que será muito bem-sucedida. Como o mundo vai absorver a emigração de 200 ou 300 milhões de chineses? A China não consegue ser autossuficiente em termos alimentares, o que sonhava fazer, o que a Índia conseguiu fazer durante algum tempo, mas também recentemente se viu obrigada a importar cereais. Ela está condenada a um crescimento industrial feroz para alimentar a sua população; compra arroz da Tailândia, que acaba de descobrir que o arroz pode ser gerido como o petróleo, por um cartel mundial capaz de extorquir dinheiro aos consumidores de arroz. A China é, de fato, a oficina do mundo. Produz quase toda a sucata do Norte, mas, por um ecrã de plasma vendido a preço de banana, exporta a mesma quantidade de resíduos e de poluição, superaquecendo o planeta, desertificando as zonas rurais e preparando enormes migrações.

Entre o choque das civilizações e a emergência de novos gigantes do consumo (os principais mercados de automóveis são agora a Rússia, a Índia e a China), a pulsão de morte viaja com Eros, arrastando a reboque a globalização.

A globalização significa também o mercado generalizado

O mercado não é um pacificador, como dizia Montesquieu, mas um catalisador. Longe de ser um estado de natureza, ele foi instituído pela humanidade, como demonstraram os historiadores: passamos do comércio em grande escala para o comércio em pequena escala, para o comércio interno, através do desenvolvimento das cidades. A Organização Mundial do Comércio (OMC), cujo objetivo é sistematizar e controlar o comércio entre as nações, tenta substituir as relações de poder por relações comerciais. Hoje condena a China, ontem os Estados Unidos e a Europa. Os Estados Unidos proibiram as relações comerciais com certos países que não lhe agradam, como Cuba e o Irã. A Europa protege os seus agricultores da concorrência dos países pobres. A troca comercial é, para usar a formulação de Marx, uma troca de trabalho cristalizado em bens manufaturados e matérias-primas – por outras palavras, para voltar a Freud e Keynes, uma imensa circulação de repressão. O mercado transmite a libido reprimida e o desejo de matar recalcados. Se quisermos continuar a aceitar o jugo do trabalho e a pôr de lado os nossos impulsos sexuais e agressivos, os outros têm de aceitar a agressão e a libido desviadas para objetos, fabricados com o suor do nosso rosto.

O mercado é nefasto na medida em que generaliza a igualdade e a inveja entre os homens. Ao abolir as relações de hierarquia e de vassalagem e ao submetê-las à pseudoigualdade da lei monetária, cria as melhores condições para o mimetismo. Nesse sentido, é um catalisador. A crise econômica surge quando todo o sofrimento cristalizado nas mercadorias não é eliminado, não é aceito pelos outros. O desemprego cresce. Outros, evidentemente, são responsáveis: os chineses, os indianos, os árabes. Isto ilustra o imenso risco que a generalização das relações de mercado representa para a humanidade. Ao contrário das relações hierárquicas, que são claras e inequívocas, e cuja transgressão é punível por lei, as relações de mercado baseiam-se na "igualdade" entre as pessoas, e sua ruptura é inadmissível. E, contudo, eis que a ruptura está dada. É a crise do petróleo, a crise financeira, a crise dos cereais, a crise ambiental. A globalização (o *design* em Paris, o trabalho na China, as vendas nos Estados Unidos, os lucros escondidos do fisco nas Bahamas) está reduzindo o custo do transporte no valor final dos produtos. Mesmo que a Internet se generalize, que os cirurgiões indianos operem *on-line* em Paris, continuamos tendo de transportar objetos, maçãs do Chile e feijões do Quênia para Rungis, e telefones celulares chineses para o Walmart. Com a subida do preço do petróleo, a generalização do mercado, que substituiu a violência física por relações contratuais, desacelera depois de ter criado as condições para um mundo mimético pronto a explodir. Ao mesmo tempo, a extensão e a pseudoigualdade do mercado mundial ocultaram uma incrível explosão das desigualdades, tanto no interior dos países como entre eles. Durante os últimos vinte anos, todas as leis sobre as heranças nos países ocidentais tiveram como único objetivo aumentar ainda mais as fortunas hereditárias. O mercado desumanizou as relações humanas, que já não se baseiam na cooperação, na exploração, na sujeição, na hierarquização ou na fraternidade, mas na imoralidade e na desumanidade.

A LIQUIDEZ E A CRISE FINANCEIRA

Em Bretton Woods, quarenta e quatro países aliados, aos quais a URSS foi associada na posição de observadora, estabeleceram um novo sistema monetário internacional. Keynes, que chefiou a delegação britânica, teria desejado a criação de uma moeda emitida por um banco central internacional e o estabelecimento de um sistema de controle dos movimentos de capitais. Os Estados Unidos foram mais fortes, e foi o plano White, que recebeu o nome do chefe da delegação americana,[271] que prevaleceu. Mais modesto, ele colocava o dólar americano, ligado ao ouro a uma taxa de 35 dólares por onça, no centro de um sistema que permitia aos Estados Unidos financiarem os seus investimentos estrangeiros e travar guerras sem ter de emitir liquidez. O diabo estava temporariamente no seu buraco, pois os Estados eram

271 White é agora suspeito de ter sido um agente soviético!

obrigados a controlar a sua emissão monetária. Ele ficou lá por pouco mais de vinte anos. Em 15 de agosto de 1971, os Estados Unidos romperam a ligação entre o dólar e o ouro, declarando o primeiro inconversível. Esse fato marcou o fim do sistema de taxas de câmbio fixas entre as moedas nacionais, um fim que alguns economistas liberais liderados por Milton Friedman tinham reclamado. Desde os anos 1970 até a atualidade, a emissão monetária libertou-se dos constrangimentos do sistema de Bretton Woods. Os grandes bancos, que antes estavam sujeitos ao controle do Estado, foram libertados de todo controle. Eles criaram um mercado monetário internacional que lhes permitiu escapar ao controle das democracias e adquirir o estatuto de paraísos fiscais para que as empresas e os homens de negócios mais ricos pudessem evitar o pagamento de impostos.

Essa imensa massa de liquidez em circulação em todo o mundo foi investida, entre outras coisas, nos mercados bolsistas, que cresceram muito fortemente, mesmo na Rússia e na China. A cada vez que uma crise lhes ameaçava, os bancos centrais fabricavam a moeda necessária para apaziguar as bolsas. Ao mesmo tempo, os bancos se voltaram para operações financeiras diversificadas, incluindo seguros, e operações especulativas. Criaram os chamados mercados de derivados, que são extremamente lucrativos para eles e para os criadores de valor de uso, ou seja, as empresas e os seus trabalhadores. Esses mercados de derivados são mercados de especulação sobre o futuro: eles administram a angústia. Quanto maiores forem esses mercados – e as somas neles transacionadas são hoje infinitamente superiores ao valor da produção do mundo real –, maior será a angústia. Trata-se, em grande medida, de mercados parasitários. Capturam e destroem uma parte da riqueza produzida em atividades inúteis. Um banco como a Société Générale, que faz publicidade com um dos seus audaciosos "*traders*", obtém metade dos seus lucros dos mercados de derivados, ou seja, da especulação sobre a angústia.

Contudo, mais importante ainda é a liquidez que os bancos fazem circular em todo o mundo, da bolha imobiliária à bolha bolsista, da bolha da Internet à bolha das matérias-primas. Essa liquidez existe apenas através dos empréstimos que os fundos, outros bancos, empresas e indivíduos têm de contrair. Qual é a "realidade" por detrás desses empréstimos? Quais objetos, que tipo de trabalho? Ao lado dos bancos, uma parte do trabalho das agências de notação, dos advogados de negócios, dos financeiros, dos contabilistas e dos peritos que compõem o mundo financeiro é também parasitária. Nesse sentido, faz parte da "parte maldita" de que falava Bataille, da despesa inútil e sumptuosa, do desperdício. Funciona, portanto, como um escape, uma válvula de descompressão, um estabilizador da economia global.

Ao acumular crédito aleatório dessa forma, o sistema bancário e financeiro pode criar as condições para uma *crise de crédito*, um corte brutal do crédito, como acaba de acontecer com a crise do *subprime*. No momento em que estas linhas são escritas, acaba de ser desencadeada uma crise financeira mundial sem precedentes desde 1929, uma crise que deverá afetar a economia real, gerando decrescimento, aumento do desemprego e diminuição dos rendimentos reais. E, numa ação sem precedentes, os países mais identificados com o neoliberalismo triunfante, a Grã-Bretanha e os Estados Unidos, descobriram as virtudes da regulação. Centenas de milhões de dólares foram injetados para encobrir os resultados desastrosos da especulação. Foram os impostos da maioria que cobriram as perdas cometidas por uma minoria de predadores. A reação popular a essas medidas obrigou os governos a meterem o nariz nos negócios dos bancos, na governança oculta, nos bônus e nos paraquedas dourados. Estão mesmo a se aventurar, timidamente, na estatização de bancos e, nos Estados Unidos, da maior companhia de seguros do mundo. Foram convocadas conferências internacionais com carácter de urgência. Enterrado por Friedman e Hayek em meados da década de 1970, Keynes foi ressuscitado e tornou-se novamente respeitável.

Imaginemos Keynes testemunhando os acontecimentos que nos ameaçam. Ele teria razões para sorrir da sua previsão. A crise dos subprimes, a ameaça de colapso do sistema de acumulação americano, baseado na renovação perpétua do crédito, e a acumulação de riscos nos mercados de derivados apontam para uma crise de liquidez, que conduz a escândalos como o do Bahrings Bank e o da Société Générale, que podem ser levados à falência por um único homem (o que mostra a fragilidade do sistema de liquidez mundial). A crise do crédito é de tal ordem que os esforços dos bancos centrais para inundar o mercado de liquidez são inúteis: a liquidez perde-se como a água na areia e a teoria keynesiana da "armadilha da liquidez" nunca esteve tão na ordem do dia.

A RENDA

Já dissemos neste livro que a pulsão de morte sublinhada por Freud também existe na visão de Keynes. Está presente, entre outras coisas, na renda e é responsável pela "eutanásia do rentista" desejada por ele. Talvez Keynes acreditasse que os eventos atuais nos colocariam finalmente no caminho dessa transformação que, a seu ver, é a única forma de criar um mundo melhor, no qual o amor ao dinheiro terá desaparecido. O mundo está redescobrindo a escassez de combustíveis fósseis e de alimentos. A concorrência entre biocombustíveis e alimentos está levando países como o Brasil a acelerar a deflorestação, a fim de deixar boas terras para cereais e terras liberadas para o gado. A pressão da população mundial sobre os cereais conduziu a uma explosão nas duas últimas anos o preço do milho, do trigo e do arroz. A crise do petróleo é uma manifestação notável de escassez. Os rendimentos do petróleo são pagos a países e proprietários que não tiveram nenhum trabalho real no processo de sua extração. Todos os fenômenos de escassez geram rendas, quer se trate da terra (e da bolha imobiliária que ela cria), das matérias-primas ou dos cereais.

Para onde vai o dinheiro do petróleo? Para iates, quintas com cavalos, imóveis de luxo, jatos privados, obras de arte e joias. Em suma, os rendimentos petrolíferos são um imposto sobre os trabalhadores que vivem de objetos com elevado valor de uso, como automóveis para ir ao trabalho, desviados para objetos sem valor de uso. A renda se torna supérflua. Mas, nesse processo, ela vampiriza a vida do trabalho. Transforma o suor em diamantes ou em mais-valia imobiliária. Não aumenta a força de trabalho, mas a destrói. Um empresário, por outro lado, ao contrário de um rentista, valoriza o trabalho explorado. Um empresário utiliza os trabalhadores para produzir valores de uso – produtos que serão utilizados para repor a força de trabalho desses trabalhadores – e, nesse processo, retira-lhes parte desses valores. No processo de captação do lucro, há um desejo de fabricar objetos socialmente úteis. A utilidade social tem apenas um significado: permitir que as pessoas trabalhem. Um manual de instruções permite que eles trabalhem. Um diamante não é indispensável. O lucro pode ser imoral ou indevido, ele resulta de uma relação de força, ele pode remunerar um risco assumido por um patrão, ou pelo filho do patrão, ou por uma ideia, não importa, não tem nada a ver com a renda. A renda só pode crescer em detrimento dos salários ou do lucro. Quanto mais alta for a renda, mais baixos devem ser os salários e os lucros.

Os grandes economistas clássicos, Smith, Ricardo e Mill, previram que, a longo prazo, os lucros se tornariam nulos ou quase nulos, com os salários permitindo aos trabalhadores sobreviverem – mal – e a renda capturando todo o valor produzido pela sociedade. Isso levaria um dia ao fim da acumulação de capital, vista por Ricardo como um apocalipse, enquanto Mill – prenunciando Keynes – via esse "estado estacionário" como uma oportunidade de avançar para um mundo melhor, no qual deixaríamos de perseguir o dinheiro, e a destruição da natureza que ele provoca, para cultivar a arte de viver. Noutra versão, podemos imaginar o mundo como uma imensa favela, em que a população mal sobrevive, com uma pequena minoria de rentistas (a elite) capturando o excedente. O fim do crescimento, o estado de estagnação do qual nunca poderemos sair, é uma espécie de coma eterno, como a morte. Keynes preferiu preparar-se para o estado estacionário através da eutanásia do rentista, em vez de o suportar. A economia política de Ricardo e de Malthus foi justamente designada como uma *dismal science*, uma ciência lúgubre, trevosa como o demônio, uma ciência das trevas. John Ruskin, na sua crítica da economia, *Unto this Last*,[272] disse da "ciência da troca" que ela é "fundada na ignorância". "É particularmente, e a única de todas, a ciência das trevas".[273]

272 Publicado sob a forma de artigos em 1860 e depois como livro em 1862.

273 RUSKIN, John (1862). *Unto this last*: four essays on the first principles of political economy. Londres: Smith, Elder and Co., p. 43.

A superpopulação mundial, associada ao crescimento da China e da Índia, exerce uma pressão tal sobre as matérias-primas que os rendimentos aumentam e as desigualdades explodem. A isto se junta outro fenômeno: as populações do Norte estão envelhecendo. Elas estão recebendo somas de dinheiro para a sua manutenção que não tem contrapartida na produção. Tais populações exigem, para os seus fundos de pensão, taxas de rendimento muito elevadas para os seus investimentos. A célebre taxa de *rate over return* de 15% exigida pelos fundos de pensão, que obriga as empresas a se reestruturarem a jusante, vem se juntar ao rendimento imediato que resulta da simples subida dos preços. A manutenção dos idosos é a "parte maldita", a destruição dos excedentes que, ao contrário da destruição provocada pela guerra, é consentida. Como o envelhecimento da população afetará em breve todo o planeta, essa parte maldita, pacífica e discreta, terá de crescer cada vez mais. Até onde? Será que esse equilíbrio de idades, com um número cada vez menor de jovens cuidando de um número cada vez maior de idosos, pode durar?

Assim, a nossa época se assemelha muito à descrita por Keynes e Freud. Mais uma vez, os "fabricantes de compotas" estão trabalhando, empilhando potes de geleia para que ninguém nunca toque neles. As desigualdades estão aumentando, com o bolo global a ser

Disponível em: http://www.forget-me.net/Ruskin/. Acessado em: 07.10.2024.

feito por países emergentes como a China, e esse bolo está se revelando um tumor, não apenas do país que o produz, mas de todo o mundo. Keynes esperava que houvesse uma saída para esse "horror econômico", Freud duvidava: "toda a cultura se baseia na compulsão para o trabalho e na renúncia pulsional".[274] Sem cessar, os seres humanos devem ser postos a trabalhar, obrigados a se fecharem sobre si mesmos sem descanso. Sem trégua, lutam contra a morte com a sua pulsão de morte. Keynes não gostava desse círculo vicioso. Considerava que a concorrência e a acumulação eram prejudiciais, mas que a humanidade tinha de passar por elas para sair da escassez.

O terrorismo atual teria, sem dúvida, fascinado Freud: o hipernarcisismo de homens muitas vezes instruídos, e talvez não muito mais desejosos de morrer do que outros, nem sequer é acompanhado pelo prazer sádico de ver os corpos das vítimas. Os atentados suicidas elevam a pulsão de morte a um patamar inimaginável no tempo dos anarquistas, de Caserio, de Rivarol, ou de Gavrilo Princip, o assassino do arquiduque François-Ferdinand em Sarajevo. Quanto aos kamikazes japoneses, o seu sacrifício, todo ele militar, imbuído de honra e de obediência, tem qualquer coisa de bucólico em comparação com os massacres perpetrados dia após dia no Iraque. É difícil imaginar a quantidade de ódio e fanatismo que homens – e cada vez mais mulheres e

274 FREUD, Sigmund (1927). *L'Avenir d'une illusion*. OC, vol. 18, p. 150.

até crianças – conseguem reunir para se matarem no meio de vítimas inocentes.

EPÍLOGO

PARA ALÉM DO CAPITALISMO

A questão decisiva para o destino da espécie humana parece ser se, e em que medida, o seu desenvolvimento cultural conseguirá dominar a perturbação da vida comunitária causada pelo impulso humano para a agressão e a autoaniquilação. A este respeito, a época atual talvez mereça um interesse especial. Os seres humanos chegaram agora tão longe no seu domínio das forças da natureza que, com a ajuda destas últimas, é fácil para eles se exterminarem uns aos outros até o último sobrevivente. Eles sabem disso, e é por isso que estão tão preocupados, tão infelizes, tão ansiosos. E agora temos de esperar que o outro dos dois "poderes celestiais", o eterno Eros, faça um esforço para se afirmar na batalha contra o seu adversário igualmente imortal. Mas quem pode prever o sucesso ou o resultado?

Freud, O Mal-Estar na Cultura,
1930.

Nos vejo então livres de regressar a alguns dos princípios mais certos e fiáveis da religião e da moral tradicional, tais como: a avareza é um vício, a usura é uma ofensa, o amor ao dinheiro é detestável, aqueles que pensam o menos possível no amanhã estão verdadeiramente no caminho da virtude e da sabedoria. Voltaremos a colocar os fins acima dos meios e a preferir o bem ao útil. Honraremos aqueles que nos podem ensinar a colher cada hora e cada dia virtuosamente e bem, essas pessoas maravilhosas que sabem aproveitar as coisas imediatamente, os lírios do campo que não trabalham nem fiam.

Keynes, "Perspectivas econômicas para nossos netos",
1930.

Quais são as perspectivas face a este presente bastante desmoralizante? A queda dos regimes que se diziam marxistas foi acompanhada por um regresso do religioso, não só nos países muçulmanos, mas também nos Estados Unidos e noutros países ocidentais. Como o real é efêmero, a única coisa que é eterna é o outro mundo, cuja ideia pacifica os frustrados da Terra: a eternidade é a consolação de uma existência alienada. Mas e para os outros, os que não acreditam no além?

EM 2030, A HUMANIDADE TERÁ RESOLVIDO SEU PROBLEMA ECONÔMICO

Keynes não previu a Primeira Guerra Mundial e, quando, para sua surpresa, as hostilidades foram desencadeadas, esperava que o conflito terminasse rapidamente. O mesmo se passou com a Depressão e a Segunda Guerra Mundial. Os seus amigos de Bloomsbury maravilhavam-se com o seu otimismo incorrigível. Keynes acreditava que homens superiores, com qualidades intelectuais, morais e psicológicas excepcionais, seriam capazes de curar os males de que a sociedade padecia.

Foi em 1930, numa altura em que o mundo se afundava na depressão iniciada em 1929 e que só terminaria verdadeiramente com a Segunda Guerra Mundial, que ele publicou "Perspectivas Econômicas para Nossos Netos". No texto, ele escreve que a atual crise está provocando "um grave surto de pessimismo econômico".[275] Não se trata "do reumatismo da velhice, mas das dores de crescimento que resultam de mudanças muito rápidas".[276] Essa cegueira perante as causas profundas da crise explica o pessimismo dos reacionários e dos revolucionários. O que se viveu em 1930 foi uma interrupção momentânea num processo de aperfeiçoamento técnico extremamente rápido: "a longo prazo, tudo isso significa que *a humanidade está em vias de resolver o problema econômico*".[277] Esse longo prazo corresponde a um século, no fim do qual as necessidades essenciais serão satisfeitas e as energias utilizadas para fins não econômicos. Contudo, surgirá um problema maior se, nessa altura, não tivermos aprendido a utilizar a nossa liberdade. Poderemos então produzir em três horas por dia o necessário para a nossa subsistência:

275 KEYNES, John Maynard (1930). "Economic possibilities for our grandchildren". *Nation and Athenaeum*, vol. 48, 11 e 18 out., pp. 36/37 e 96/98; JMK, vol. 9, pp. 321-332; "Perspectives économiques pour nos petits-enfants". *In*: KEYNES, John Maynard (2002). *La Pauvreté dans l'abondance*. Paris: Gallimard, p. 106.

276 KEYNES, John Maynard (1930). "Economic possibilities for our grandchildren". *Nation and Athenaeum*, vol. 48, 11 e 18 out., pp. 36/37 e 96/98; JMK, vol. 9, pp. 321-332; "Perspectives économiques pour nos petits-enfants". *In*: KEYNES, John Maynard (2002). *La Pauvreté dans l'abondance*. Paris: Gallimard, p. 106.

277 KEYNES, John Maynard (1930). "Economic possibilities for our grandchildren". *Nation and Athenaeum*, vol. 48, 11 e 18 out., pp. 36/37 e 96/98; JMK, vol. 9, pp. 321-332; "Perspectives économiques pour nos petits-enfants". *In*: KEYNES, John Maynard (2002). *La Pauvreté dans l'abondance*. Paris: Gallimard, p. 111.

> Assim, pela primeira vez desde a sua criação, o ser humano será confrontado com o seu verdadeiro e permanente problema: que uso fazer da sua liberdade, uma vez liberto das preocupações econômicas? (...) Mas serão as pessoas que souberem conservar a arte de viver e cultivá-la na perfeição, e que não se venderem para garantir a sua subsistência, que poderão gozar a abundância quando ela chegar.[278]

Quem será digno do *carpe diem?* Bloomsbury era, sem dúvida, no seu espírito, um laboratório desse Éden futuro:

> Para Keynes, a arte de viver que, numa época de abundância e de lazer, substituirá a arte de acumular os meios de viver, é uma arte difícil, que exige uma sensibilidade refinada, como a que vimos se manifestar entre os membros do grupo de Bloomsbury imortalizados nas obras de Virginia Woolf.[279]

A economia passa então a ser secundária, sendo os economistas "pessoas humildes e competentes, ao mesmo nível

278 KEYNES, John Maynard (1930). "Economic possibilities for our grandchildren". *Nation and Athenaeum*, vol. 48, 11 e 18 out., pp. 36/37 e 96/98; JMK, vol. 9, pp. 321-332; "Perspectives économiques pour nos petits-enfants". *In*: KEYNES, John Maynard (2002). *La Pauvreté dans l'abondance*. Paris: Gallimard, p. 113.

279 BROWN, Norman O. (1959). *Life against death*: the psychoanalytical meaning of history. Middletown: Wesleyan University Press; *Éros et Thanatos*. Paris: Denoël, 1972, p. 55.

que os dentistas".[280] Na mesma altura, escreveu no prefácio dos seus *Ensaios sobre a Persuasão*:

> (...) O Problema Econômico, como se pode chamar, em suma, este problema da necessidade e da pobreza e esta luta econômica entre as classes e entre as nações, não passa de uma confusão terrível, uma confusão efêmera e sem necessidade. Para ultrapassar o Problema Econômico que absorve hoje as nossas energias morais e materiais, o mundo ocidental possui já os meios e as técnicas necessárias; resta apenas criar a organização capaz de as pôr em prática de forma adequada.[281]

Estes são obstáculos ligados às estruturas sociais que impedem a resolução do problema da pobreza e do subdesenvolvimento, das fases alternadas de expansão, crise e depressão. Assim, uma descida gradual das taxas de juros poderia provocar o desaparecimento não violento da classe dos aproveitadores, "a eutanásia do rentista e, consequentemente, o desaparecimento gradual do poder opressivo suplementar do capitalista para explorar o valor conferido ao capital pela sua

280 BROWN, Norman O. (1959). *Life against death*: the psychoanalytical meaning of history. Middletown: Wesleyan University Press; *Éros et Thanatos*. Paris: Denoël, 1972, p. 118.

281 KEYNES, John Maynard (1931). *Essays in Persuasion*. Londres: Macmillan; version augmentée JMK, vol. 9; traduction partielle, *Essais sur la monnaie et l'économie*: les cris de Cassandre. Paris: Payot, 1971, pp. 12/13.

escassez".[282] No final da *Teoria Geral*, pouco antes da "eutanásia" do rentista, Keynes cita "o estranho profeta Silvio Gesell",[283] de cujo pensamento "o futuro terá mais a aprender (...) do que com o de Marx".[284] Gesell desenvolveu, especificamente em A Ordem Econômica Natural (1906-1911), uma teoria da moeda "carimbada" ou "estampada" impropria para a acumulação. A aterrissagem suave de uma sociedade conduzida pelas elites, para uma sociedade estacionária e policiada, onde a inteligência, a beleza e a cultura são distribuídas em profusão a pessoas que já não estão sujeitas à escassez, é a opção proposta por Keynes. Tratar-se-ia de uma utopia? Nem por isso, porque a realidade da satisfação mínima das necessidades essenciais de cada um – saúde, habitação, cultura – está à vista de todos. Cabe à humanidade torná-la realidade. É preciso renunciar à acumulação pela acumulação. Mas, sem dúvida, serão necessárias algumas catástrofes e algumas gerações para que a estacionariedade, e mesmo o decrescimento, sejam incorporados nos genes. Nesse novo mundo, continuarão a existir bens, economistas, dentistas e, sobretudo, "artistas".

282 KEYNES, John Maynard (1936). *The General Theory of employment, interest and money*. Londres: Macmillan; *Théorie Générale de l'emploi, de l'intérêt et de la monnaie*. Paris: Payot, 1982, p. 369.

283 KEYNES, John Maynard (1936). *The General Theory of employment, interest and money*. Londres: Macmillan; *Théorie Générale de l'emploi, de l'intérêt et de la monnaie*. Paris: Payot, 1982, p. 348.

284 KEYNES, John Maynard (1936). *The General Theory of employment, interest and money*. Londres: Macmillan; *Théorie Générale de l'emploi, de l'intérêt et de la monnaie*. Paris: Payot, 1982, p. 350.

A tecnologia exige a utilidade, e a utilidade a feiura: "não há nada verdadeiramente belo senão aquilo que não pode servir para nada; tudo o que é útil é feio", disse Théophile Gautier.[285] Keynes e Freud também acreditavam que a beleza está no inútil:

> Começamos a notar que o inútil, que esperamos que seja estimado pela cultura, é a beleza; exigimos que uma pessoa culta venere a beleza onde a encontra na natureza e que a instaure nos objetos, na medida em que o trabalho das suas mãos o permita.[286]

O homem moderno não pode deixar de ficar impressionado com a feiura causada pelo progresso, a feiura do bar do bairro residencial, do anel rodoviário ou da favela. O lixo e a feiura parecem ser as suas principais produções, enquanto as atividades científicas e artísticas são reservadas a uma minoria. Ao lado da técnica, "a beleza, a limpeza e a ordem ocupam claramente um lugar especial entre as exigências da cultura".[287]

285 GAUTIER, Théophile (1835). *Mademoiselle de Maupin*. Paris: Gallimard, p. 54.

286 FREUD, Sigmund (1930). *Le Malaise dans la culture*. Paris: PUF, 1995, pp. 35/36.

287 FREUD, Sigmund (1930). *Le Malaise dans la culture*. Paris: PUF, 1995, p. 37.

O belo não faz parte do projeto capitalista. Não há necessidade de explicar o inútil ou o belo, e é por isso que a técnica e a lei racional os ignoram. A técnica procura a eficiência. Keynes, fascinado pela capacidade do capitalismo de produzir o feio, defendeu, numa emissão da BBC, a construção de edifícios para as classes desfavorecidas, mas de grande beleza.[288] Ele imagina que o capitalismo pode produzir magníficos edifícios para os pobres. É verdade que os edifícios operários do século XIX, não tem nada a ver com as horríveis torres do XX. Basta descer o Sena, de Notre-Dame ao Museu d'Orsay, para descobrir que uma estação de trem pode ser bela.

A RESSURREIÇÃO DO CORPO

A "ressurreição dos corpos", a ressurreição inteiramente temporal e concreta de corpos libertos da culpa, da angústia, do complexo do dinheiro e do medo de morrer, é o resultado proposto pelos discípulos radicais de Freud, Reich, Fromm, Brown e Marcuse, entre outros. O corpo humano ressuscitado se tornaria perverso e polimorfo, e o recalque desapareceria. Assim, o capitalismo deixaria de trazer a morte à humanidade. É preciso imaginar, diz Brown, "uma civilização suficientemente

288 KEYNES, John Maynard (1936). "Art and the State". *Listener*, 26 ago.; JMK, vol. 28, p. 348.

forte para se considerar mortal". Ela seria uma civilização do jogo:

> Do ponto de vista freudiano, todo homem comum conheceu o paraíso do jogo na sua infância. Por baixo dos hábitos de trabalho, o instinto imortal de brincar permanece em cada ser humano. As bases sobre as quais será criado o ser humano do futuro já existem no inconsciente reprimido.[289]

Podemos mencionar o jovem Marx, que pensava na economia política como a ciência dos valores de uso e não dos valores de troca, do gozo e não da acumulação:

> O ser humano se apropria do seu ser universal de uma forma universal, como um ser humano total. Cada uma das suas relações *humanas* com o mundo, a visão, a audição, o olfato, o gosto, o tato, o pensamento, a contemplação, o sentimento, a vontade, a atividade, o amor, em suma, todos os órgãos da sua individualidade, *como* os órgãos que, na sua forma, são imediatamente órgãos sociais.[290]

289 BROWN, Norman O. (1959). *Life against death*: the psychoanalytical meaning of history. Middletown: Wesleyan University Press; *Éros et Thanatos*. Paris: Denoël, 1972, p. 55.

290 MARX, Karl (1844). *Manuscrits de 1844 (Économie politique & philosophie)*. Paris: Éditions Sociales, 1972, p. 91.

Procurando uma "saída", para além do princípio da realidade, Marcuse mobiliza as imagens de Orfeu e Narciso contra Prometeu, "o herói cultural do trabalho, da produtividade e do progresso através da repressão".[291] Orfeu fez cantar as pedras, indicando uma simbiose perfeita com a natureza, enquanto Narciso substitui a ação pela contemplação, a fruição da beleza no eterno presente.

> Admire em Narciso um eterno retorno
> Em direção às ondas, a sua imagem oferecida ao seu amor
> Propõe à sua beleza todo o seu conhecimento.
>
> Paul Valery, *Cantate du Narcisse*, cena 2

Uma experiência órfica e narcísica do mundo que rejeita o princípio da eficácia. O ser é vivido como o apaziguamento que une o homem e a natureza. Mas será Narciso diferente de Thanatos? Ele é o repouso, o sono e a morte. Ele despreza Eros e o amor. Na verdade, a esperança de Marcuse é que Narciso não seja bem Thanatos e que ele possa

> conter o germe de um princípio de realidade diferente: a *catexia* libidinosa do ego pode se tornar a fonte e o reservatório de uma nova *cathexis* libidinosa do

291 MARCUSE, Herbert (1955). *Eros et civilisation*. Paris: Minuit, 1963, p. 144.

> mundo objetivo, transformando este mundo em um novo modo de ser.[292]

Essa nova realidade evocaria a ideia de "sublimação não repressiva". Marcuse recorda que Hans Sachs, no seu ensaio sobre "O Atraso na Era da Máquina", se perguntava por que os gregos não tinham construído uma tecnologia de máquinas, apesar de possuírem a habilidade e o conhecimento para o fazer. A resposta está no narcisismo que dominava a cultura grega: "a *catexia libidinosa* do corpo era tão forte que se opunha à mecanização e à automatização".[293] Orfeu pacificou o mundo não através da força, mas através do canto e da poesia. Narciso permitiu que as pessoas amassem os seus corpos: "o Eros órfico transforma a existência: faz-se senhor da crueldade e da morte. A sua linguagem é o canto e o seu trabalho é o jogo. A vida de Narciso é a da *beleza* e a sua existência é a *contemplação*".[294]

É Fourier, com o falanstério, a libertinagem e a cabala, que temos de evocar aqui. Fourier queria tornar o trabalho feliz, o capitalismo alegre, fazer da economia política a ciência dos valores de uso e do prazer. É preciso descobrir o trabalho que dá prazer, e deixar que o Eros tome o seu lugar na vida ativa. É preciso reconciliar o

292 MARCUSE, Herbert (1955). *Eros et civilisation*. Paris: Minuit, 1963, p. 150.

293 MARCUSE, Herbert (1955). *Eros et civilisation*. Paris: Minuit, 1963, p. 150.

294 MARCUSE, Herbert (1955). *Eros et civilisation*. Paris: Minuit, 1963, p. 152.

irreconciliável: trabalho e prazer, erotismo e vida social, contemplação e vida, ausência de crueldade e vida social, presença do outro e ausência de mimetismo. Estaremos então no reino da paz e da beleza, onde a terra volta a ser um jardim, um reino até então acessível apenas aos artistas, mas agora acessível a todos: "devemos, portanto, apoiar a possibilidade de uma atividade (a vida) que também está em repouso", diz Brown.[295] Que outro paradoxo! Claro que se trata de uma utopia. Freud, ao contrário de Marcuse, não se afunda nesse irenismo. A sua teoria das pulsões é inequívoca: há sadismo e instinto destrutivo em Eros, há erotismo no instinto de morte e há pulsão de morte na arte, na criação e na cultura. É claro que o ser humano é um jogador, e o jogo é inútil, mas o jogo também é utilizado na dinâmica da civilização. Basta ver a facilidade com que o jogo se transforma em competição. A ideia de um "presente pacífico" não é nem a de um artista nem a de um jogador: "quem morre na angústia e na dor está fazendo um ato capital de acusação contra a civilização".[296] A diferença é que o ser humano vive na angústia, na dor e na culpa. É verdade que a psicanálise pretende retirar o ser humano da tirania do tempo prometendo a ele a aprendizagem da liberdade.

295 BROWN, Norman O. (1959). *Life against death*: the psychoanalytical meaning of history. Middletown: Wesleyan University Press; *Éros et Thanatos*. Paris: Denoël, 1972, p. 125.

296 MARCUSE, Herbert (1955). *Eros et civilisation*. Paris: Minuit, 1963, p. 204.

É fácil criticar a ênfase exagerada na figura do artista e do criador por Freud, Keynes e muitos outros. Mas é também o que acontece atualmente na saga do *software* livre. Os programadores de *software* livre se revoltaram contra os direitos de propriedade impostos pelos fornecedores de *software* fechados, como a Microsoft, que limitavam o seu prazer de investigação. É certo que esses programadores de elite eram muito bem pagos, mas a sua atividade "artística" era limitada pelos monopólios da propriedade intelectual. O sucesso do *software* livre, hoje adotado pelas grandes administrações públicas e privadas, mostra que a atividade livre, cooperativa e em rede, baseada no livre acesso e no prazer de criar, é mais eficaz do que a antiga exploração de cérebros. O modelo do programador de *software* livre é simplesmente o do artista ou do investigador, cuja motivação essencial nunca é o dinheiro. Para nosso propósito, a emergência de uma economia do conhecimento em substituição da economia material é uma pista que não pode ser negligenciada: se a abundância de conhecimentos puder substituir a escassez de bens, podemos sonhar com uma sociedade de artistas, ou de monges copistas, contemplativos, seráficos e felizes, mas ativos na cooperação e na invenção.

Assim, o muro da escassez seria quebrado e a violência mimética desapareceria com ele. Isso é improvável. Para além do fato de a economia do conhecimento dever representar, no máximo, 2% da produção mundial, a economia material destrutiva nunca foi limitada pela chegada das novas tecnologias da informação. A destruição continua, e o trabalho continua e continuará a ser um dos meios insubstituíveis de subjugação das pessoas. A velha economia libidinal, o desvio da libido para a produção, se perpetua hoje, mais do que nunca, no momento em que a ditadura chinesa segue com a exploração implacável do trabalho e o massacre sem precedentes da natureza. Não é a visão de Marcuse, Reich, Adorno, Georgescu-Roegen e outros como Charbonneau, Illich e Ellul que deve ser posta em causa, mas a sua esperança utopista numa "nova" sociedade capaz de combinar sobriedade e felicidade. Nenhum desses autores ousou realmente ler em Freud que a infelicidade e o prazer, a morte e a vida, o oportunismo e a generosidade, o sadismo e o altruísmo estavam indissociavelmente ligados numa complexidade de bem e mal, para usar a terminologia de Edgar Morin. A cultura contém o mal, e o capitalismo tornou impossível dissociá-los. Só quando ultrapassarmos a destruição é que veremos as coisas com um pouco mais de clareza. A grande novidade é que podemos ver a casa a arder. As posições assumidas por Al Gore e Arnold Schwarzenegger, o fato de o Presidente da República francesa, a par de um *slogan* imaturo que teria revoltado Keynes ("trabalhar mais para ganhar mais"), autorizar uma "Grenelle de meio ambiente", o interesse que mesmo alguns patrões manifestam pelo "desenvolvimento sustentável" significam que a cor das chamas fez até os mais cegos passarem a enxergar.

> Para aqueles que ganham o pão de cada dia com o suor do seu rosto, o lazer é uma doçura há muito esperada – até o momento em que o alcançam.
> Conhecemos o epitáfio tradicional que uma velha empregada mandou inscrever em seu túmulo: "não lamenteis por mim, amigos, nunca lamenteis por mim, pois vou descansar para sempre, por toda a eternidade". Este era o seu paraíso. Como outros que aspiram ao lazer, imaginou como seria agradável passar o tempo em segredo ouvindo música, porque o seu poema tinha outro verso: "os céus ressoarão com salmos e doces melodias, mas nem sequer me vou dar ao trabalho de cantar". E, no entanto, esta vida só será tolerável para aqueles que participarem no canto – e quão poucos de nós sabem cantar![297]

Como são poucos os que sabem cantar! E se a "saída" estivesse reservada a uma elite, tal como os barcos salva-vidas do *Titanic* estavam reservados aos mais ricos? Com o triunfo de uma escassa elite, cultivada e refinada, no final do processo de acumulação, voltamos à perspectiva deprimente de Ricardo: a terra transformada em favela, à exceção de uma pequena minoria que sobrevive até se esgotarem as últimas gotas de energia. Os romancistas

297 KEYNES, John Maynard (1930). *A Treatise on Money*. Londres: Macmillan; vol. 1: *The Pure Theory of Money*; vol. 2: *The Applied Theory of Money*; JMK, vol. 5 e 6, p. 113.

são muitas vezes mais eloquentes do que os cientistas, os filósofos e, evidentemente, os economistas. Balzac e Zola falaram muito mais eloquentemente sobre dinheiro do que os seus contemporâneos economistas. *1984* e *Admirável Mundo Novo* descreveram o formigueiro temida por Freud.

Em *A Possibilidade de uma Ilha*, Michel Houellebecq fala de uma Terra devastada, onde a população regressou a um estado selvagem, enquanto uns poucos escolhidos sobrevivem até a eternidade através da clonagem. Essa população "leva uma vida calma e sem alegria". Só lhe resta contemplar e esperar. Os dias se repetem. As células envelhecem e, quando cada máquina humana ameaça falhar, a duplicação permite viver uma nova vida, igualmente insípida. Assim, todos esses escolhidos são mortos-vivos. Pelo menos, os selvagens que se matam à porta dos bairros protegidos vivem, mesmo que vivam horrivelmente. O romance de Houellebecq leva ao extremo a lógica do progresso técnico e a obsessão da humanidade pela sobrevivência, portanto, ao extremo do capitalismo. Os paleontólogos nos recordam que a espécie humana, nos seus primórdios, pouco numerosa na vasta Terra (cerca de vinte ou trinta mil indivíduos), quase se extinguiu; o limite crítico que permite que uma população se perpetue não foi atingido. Portanto, não estava escrito que a espécie humana tinha de colonizar o planeta, tal como não está escrito que tinha de colonizar a galáxia. O desaparecimento da espécie, mesmo sob a forma de *zombies* que continuam a se duplicar infinitamente até que o sol se apague, é uma possibilidade. A possibilidade de uma ilha povoada por uma "elite".

Contudo, talvez possamos sonhar com uma saída mais serena. Uma saída em que uma parte da elite, finalmente consciente, sem dúvida por medo dos de baixo, promova as condições para uma vida pacífica na Terra. A crise atual pode ser o momento de uma transformação radical. A luta entre Eros e Thanatos ainda não terminou.

EM MEMÓRIA DA ESPÉCIE HUMANA

Referindo-se à crise desencadeada em 1929, Keynes falou do desejo suicidário dos banqueiros. Parece que esse desejo não desapareceu e que os levou, quatro dezenas de anos mais tarde, sob a capa de uma procura frenética de lucro, a especular sobre o crédito, conduzindo a uma crise sem precedentes. As somas de dinheiro que os patrões dos bancos, os proprietários de *hedge funds* e outros operadores da bolsa de valores receberam pouco antes da falência do sistema são vertiginosas. É claro que nenhum deles reconheceria a pulsão de morte da sua ganância. Como podemos suspeitar que essa elite, educada nas melhores escolas, quer inconscientemente destruir o mundo que alimenta com dinheiro, como um mecânico louco alimenta a caldeira de uma máquina que se precipita para o abismo? Quem, na casta bancária, não acredita que está fazendo o bem para todos, quando apenas uma pequena minoria está enriquecendo até a náusea?

A crise em que afunda o mundo contemporâneo, com o seu cortejo de ressentimentos e rancores, com as batalhas e o derramamento de sangue que se seguirão, levanta a questão da memória: será a humanidade capaz de recordar catástrofes anteriores? Existe uma educação para a catástrofe? A peste foi erradicada na Europa após a de Marselha, em 1720, mas o bem público acabou por ser ultrapassado pelos interesses privados de comerciantes gananciosos, ávidos de vender sedas infectadas pelo vírus na feira de Beaucaire.

Sim, diríamos, há uma memória da catástrofe, vendo os bancos centrais inundarem os bancos de liquidez para evitar que eles fossem à falência; vendo os políticos decidirem, como fizeram Keynes e os seus colegas em Bretton Woods, em 1944, voltar a regular os intermediários financeiros, submetendo-os a normas prudenciais, a lutar contra os paraísos fiscais, que permitem aos banqueiros efetuar a maior parte das suas transações sem qualquer controle e aos mais ricos fugir escandalosamente dos impostos, a impor normas contabilísticas independentes da avaliação quotidiana dos mercados, a controlar os próprios bancos centrais.

Mas a questão não é "refundar o capitalismo", como alguns dizem atualmente. A questão é saber se podemos ultrapassar um sistema baseado na acumulação indefinida e na destruição sem limites da natureza. A virada para uma economia "ambiental" corre o risco de não passar de um projeto capitalista pintado de verde. Será que a bolha energética – e esperemos que a bolha dos biocombustíveis não se concretize! – não se seguirá à bolha das novas tecnologias? Já não se trata de repensar, mas de ir mais além, de pensar outra coisa.

Como é que se pode pensar sem memória? Dizem que as sociedades capitalistas não têm memória, ao contrário de certas sociedades ditas "primitivas", que sabiam gerir melhor a sua relação com a natureza. A crise de 1929 não impediu a crise atual, tal como a Shoah não impediu o genocídio dos Tutsis. O desaparecimento de espécies de que nos falam todos os dias, entre o tempo e as cotações das ações, parece anedótico, um pouco como o desaparecimento dos dinossauros, que é bom para fazer livros. É de recear que a espécie humana desapareça antes do capitalismo. Onde estão os Condorcets, os Keynes, os Freuds que nos podem ajudar a abrir os olhos hoje?

ANEXO

BLOOMSBURY E A PSICANÁLISE

O grupo de Bloomsbury deve o seu nome ao bairro de Londres onde a maioria dos seus membros, incluindo Keynes, vivia.[298] Era um grupo de amigos, e amantes, que partilhavam valores comuns e uma certa visão do mundo, radicalmente oposta à moral vitoriana que ainda impregnava fortemente a Inglaterra na altura da morte da Rainha Vitória em 1901. A sociedade vitoriana era conservadora, puritana, "virtuosa" e repressiva. Esse rigorismo se aplicava sobretudo às questões sexuais, mas também à organização familiar, à ordem social e à economia. O trabalho, a frugalidade e a parcimônia eram exaltados. O vitorianismo não se limitou à Grã-Bretanha da rainha Vitória. Tinha avatares em vários outros países europeus, nomeadamente na Áustria da infância de Freud.

298 Para mais detalhes, consulte DOSTALER, Gilles (2005). *Keynes et ses combats*. Nouvelle édition revue et augmentée. Paris: Aibin Michel, 2009, pp. 53-95, em que há várias referências à enorme literatura que surgiu do fenômeno de Bloomsbury.

O grupo surgiu, por volta de 1905, do encontro entre antigos alunos de Cambridge, a maioria dos quais membros da Sociedade dos Apóstolos,[299] e duas mulheres excepcionais, Vanessa e Virginia Stephen. Vanessa era pintora e se casou com Clive Bell em 1907, e Virginia se casou com Leonard Woolf em 1912. Em 1904, após a morte do seu pai, Leslie Stephen, autor de importantes obras sobre a história intelectual de Inglaterra, os seus quatro filhos, Vanessa, Virginia, Thoby e Adrian, mudaram-se para 46 Gordon Square, em Bloomsbury, que mais tarde se tornou a casa de Keynes em Londres. As noites de quinta-feira eram dedicadas a discussões apaixonadas sobre a vida. Aos poucos, várias pessoas foram se juntando aos "bloomsburiers", entre as quais o pintor Duncan Grant, primo de Lytton Strachey, que teve um longo caso com Keynes; o crítico de arte Roger Fry, o membro mais velho do grupo e antigo apóstolo, que havia sido companheiro de Vanessa Bell antes de ela se juntar a Duncan Grant; e o romancista Edward M. Forster.

299 Fundada em 1820, a Cambridge Conversazione Society, mais conhecida como a "Sociedade dos Apóstolos", é uma instituição típica do meio acadêmico britânico. Era um grupo de discussão formado por cooptação, respeitando um conjunto de regras e um jargão bastante particular. As discussões do grupo centravam-se geralmente em questões existenciais: o sentido da vida, a moral, a religião, a arte, a literatura e a filosofia. A liberdade de expressão era um princípio fundamental, e nenhum assunto podia ser considerado tabu. A sociedade secreta, que ainda hoje existe, incluía alguns membros da elite cultural e científica britânica. Keynes foi eleito Apóstolo pouco depois da sua chegada ao King's College, em 28 de fevereiro de 1903, e manteve-se intimamente envolvido nos assuntos da Sociedade durante o resto da sua vida.

Na Bloomsbury, nada é um dado adquirido. A honestidade e a sinceridade absoluta eram exigidas a todos. Cultivavam o ceticismo, mas acreditavam no poder da razão, no progresso da civilização e na perfectibilidade da humanidade. Estetas, os bloomsburiers colocavam a arte no primeiro plano das realizações humanas. Hedonistas, gostavam de festas, de viajar, de cozinhar e de um bom vinho.[300] Na sua maioria francófilos,[301] importaram para a Inglaterra não apenas receitas artísticas, mas também culinárias. Encabeçando a revolta contra a moralidade vitoriana, os bloomsburiers, amantes da paz, ridicularizavam as instituições que ela honrava, o exército e a igreja, essas duas "massas artificiais" descritas por Freud em *Psicologia das Massas e Análise do Eu*. Rejeitavam as convenções sociais e, em particular, a moral sexual. Os casamentos bloomsburyanos eram muito inconformistas. A homossexualidade não só era tolerada como amplamente praticada. Os casais e trios mais peculiares se formavam e se desfaziam num ambiente que escandalizava seus contemporâneos. Em 10 de dezembro de 1905, Keynes escreveu a Lytton Strachey:[302]

300 Também Freud tinha uma paixão por viagens e apreciava boa comida e vinho. Ver FREUD, Sigmund (2005). *"Notre coeur tend vers le Sud"*: correspondance de voyage, 1895-1923. Paris: Fayard.

301 Mas Keynes era considerado mais um germanófilo do que um francófilo. Sobre a relação de Bloomsbury com a França, ver CAWS, Mary Ann; WRIGHT, Sarah Bird (2000). *Bloomsbury and France*: art and friends. Nova York: Oxford University Press.

302 Foi nesse ano que Freud publicou os seus *Três Ensaios sobre a Sexualidade*, que James Strachey, o seu futuro tradutor e irmão

> Lamb está cheio de mexericos (na minha opinião) sobre Henry e os Stephens – de que forma Henry Lamb está apaixonado por Vanessa e Vanessa por Nine? E Adrian por Nine? E, imagino, todas as outras relações, sáficas, sodomitas e incestuosas, possíveis e impossíveis.

Bloomsbury era assim uma espécie de família, uma comunidade que seus adversários comparavam, às vezes, a um bordel. A amizade sobreviveu ao fim das relações amorosas, embora não sem sequelas. Bloomsbury se caracterizou sobretudo pelo fato de seus membros permanecerem unidos e solidários para o resto de suas vidas, apesar dos inevitáveis conflitos, desacordos e crises que surgiam de tempos em tempos. Os bloomsberriers eram também trabalhadores árduos, intelectuais brilhantes e criadores excepcionais que deixaram a sua marca na cultura e na sociedade, na Inglaterra e em todo o mundo ocidental, em vários domínios: o romance com Virginia Woolf e E. M. Forster, a pintura com Duncan Grant e Vanessa Bell, a crítica de arte com Roger Fry e Clive Bell, a biografia e a história com Lytton Strachey, a crítica literária com Desmond McCarthy e Virginia Woolf, a economia e a política com Keynes e Leonard Woolf. A maioria desempenhou também um papel importante no jornalismo. Surgido durante um período de grandes transformações sociais, políticas e econômicas, o grupo de Bloomsbury definiu novos critérios estéticos e

mais novo de Lytton, descreveria, tempos depois, como a sua obra mais original e importante.

culturais, por vezes descritos como "modernismo", que também foi utilizado para descrever a Viena da juventude de Freud. A arte, tal como a literatura, deve ter por objetivo suscitar emoções e não descrever a realidade. A forma sendo mais importante do que o conteúdo.

A cultura de Bloomsbury e a psicanálise surgiram em contextos semelhantes. Em Londres, tal como em Viena, artistas e intelectuais em busca da sua identidade reagiam contra o conservadorismo, o obscurantismo, a autoridade arbitrária, a moral puritana e a repressão sexual. Esse grupo de artistas e escritores, que eram os amigos mais próximos de Keynes, tinham personalidades muitas vezes complexas, torturadas e egoístas, proporcionando um terreno fértil para a nova disciplina. As teorias de Freud permitiam se liberar e de se desculpar quanto ao seu modo de vida no sufocante mundo vitoriano.

Keynes escreveu, num dos seus raros textos autobiográficos, lido em 1938 perante os seus amigos no Bloomsbury Clube da Memória,[303] que, por volta de 1905, ele e os seus amigos eram "pré-freudianos" tendo "compreendido completamente mal a natureza humana, incluindo a nossa própria".[304] Naquela época, disse ele, os seres humanos eram racionais demais. Os acontecimentos futuros, em particular a guerra, e

303 Fundado em 1921, esse clube se reunia algumas vezes por ano, frequentemente na casa de Keynes, para ouvir um dos seus membros ler um documento autobiográfico.

304 KEYNES, John Maynard (1938). "My early beliefs"; JMK, vol. 10, p. 448.

as reflexões que o inspiraram convenceram-no de que os impulsos inconscientes e muitas vezes perversos desempenhavam um papel muito mais importante no destino humano do que a deliberação racional: "a atribuição de racionalidade à natureza humana, em vez de a enriquecer, me parece agora tê-la empobrecido. Não teve em conta certas fontes poderosas e preciosas do sentimento".[305] Voltando aos acentos de Freud em *O Mal-Estar na Cultura*, Keynes escreveu: "não sabíamos que a civilização era uma crosta fina e frágil, criada pela personalidade e vontade de poucos, e mantida unida apenas por regras e convenções habilmente enfatizadas e preservadas de forma desonesta".[306] O relato de Keynes foi, no entanto, criticado por alguns dos seus amigos que viveram esse período, em particular por Leonard Woolf. Nas suas memórias, Woolf conta como ele e Lytton Strachey inventaram e experimentaram com os seus amigos, entre 1900 e 1905, um "método" para explorar a sua psicologia e, assim, melhorar as suas relações interpessoais, tornando-as mais autênticas: "era uma espécie de investigação psicológica de terceira categoria aplicada às almas dos amigos. Embora tenha sido muito antes de ouvirmos falar de Freud, era uma espécie de psicanálise compulsiva".[307]

305 KEYNES, John Maynard (1938). "My early beliefs"; JMK, vol. 10, p. 448.

306 KEYNES, John Maynard (1938). "My early beliefs"; JMK, vol. 10, p. 447.

307 WOOLF, Leonard (1960). *Sowing*: an autobiography of the years 1870 to 1904. Londres: Hogarth Press, pp. 113/114.

Freud entrou em contato com Bloomsbury pela primeira vez em 1914.[308] Nesse ano foi publicada a tradução inglesa de *Psicopatologia da Vida Cotidiana*, da qual Leonard Woolf publica uma resenha na revista *New Weekly*. Lytton Strachey escreveu uma peça em que um casal discute as teses de Freud (1914). Woolf escreveu: "na década anterior a 1924, naquilo que é conhecido como o círculo de Bloomsbury, havia um grande interesse em Freud e na psicanálise e esse interesse era extremamente sério".[309] Quatro membros do grupo decidiram se tornar psicanalistas. O primeiro foi o irmão mais novo de Virginia Woolf, Adrian Stephen. No final da guerra, ele e a sua mulher, Karin Costelloe, decidem se inscrever na faculdade de medicina com o objetivo de se tornarem psicanalistas. O casal começou a exercer a sua nova profissão em 1926, em Gordon Square, perto da residência de Keynes. Sobre as atividades do seu irmão mais novo, Virginia escreveu à sua irmã Vanessa, em 22 de maio de 1927:

> Eu costumava me esgueirar para a sala de jantar dos Stephen, onde, em certas tardes, em plena luz do dia, se podia ver uma mulher em desespero, deitada no sofá,

308 Uma das primeiras portas de entrada para as ideias de Freud na Grã-Bretanha foi a Society for Psychical Research, fundada em 1882, da qual Keynes era membro.

309 WOOLF, Leonard (1967). *Downhilll all the way*: an autobiography of the years 1917 to 1939. Nova York: Harcourt Brace Jovanovich, p. 164.

com o rosto enterrado na almofada, enquanto Adrian a observava como um abutre, analisando a sua alma.[310]

James Strachey tomou a mesma decisão no final da guerra. No entanto, depressa abandonou os seus estudos de medicina e decidiu optar pela psicanálise, confiando o seu inconsciente diretamente à observação do mestre. E Virginia Woolf comentou em 21 de novembro de 1918: "James, anunciado para uma conferência sobre 'onanismo', se oferece para ganhar a vida como intérprete de Freud em Harley Street. Pelo menos não precisa de um diploma".[311] Freud aceitou ver James e a sua mulher Alix Sargant-Florence ao mesmo tempo. A parceria durou até a primavera de 1922, momento em que Freud os considerou aptos a exercerem a profissão.[312] Pouco depois da sua chegada a Viena, Freud pede

310 WOOLF, Virginia (2003). *Congenial Spirits*: the selected letters of Virginia Woolf. Londres: Pimlico, p. 228. Isto pode esclarecer a relutância de Virginia Woolf em ir para o divã para lidar com os problemas psicológicos agudos que a levaram ao suicídio em 1941. A sua primeira crise grave ocorreu após a morte da sua mãe, em 1895. Tentou se suicidar depois de terminar o seu primeiro romance, tendo sido salva pelo irmão de Keynes, Geoffrey, que era médico. O seu sobrinho e biógrafo Quentin Bell sugere que, se Leonard tivesse descoberto Freud dois anos antes, a história médica de Virginia poderia ter sido diferente: BELL, Quentin (1972). *Virginia Woolf*: a biography. 2 vols. Londres, Hogarth Press, p. 19.

311 WOOLF, Virginia (1977-1984). *The Diary of Virginia Woolf*. vol. 1. Londres: Hogarth Press, p. 221.

312 Numa carta ao seu irmão Lytton, de 6 de novembro de 1902, James descreveu Freud como "um homem muito afável e um artista espantoso", e a sessão "como um todo orgânico e estético"

aos Stracheys que traduzam um dos seus artigos: "Uma Criança é Espancada". Publicado em 1920, seguiu-se a tradução de James de *Psicologia das Massas e Análise do Eu* em 1922. Em março de 1921, foi confiada ao casal a tarefa de maior envergadura, a tradução de cinco estudos de caso,[313] que os manteve ocupados durante cinco anos. Freud apreciava aqueles a quem ele chamava os seus "excelentes tradutores ingleses".

A estadia de James e Alix Strachey em Viena deu origem à primeira troca indireta entre Freud e Keynes. Em 22 de fevereiro de 1921, Lytton Strachey escreveu a Keynes:

> A nota anexa de James pode te divertir. Aparentemente, sua fama em Viena é enorme, e o Dr. Freud diz que ele recebe muito mais notoriedade quando você menciona o nome dele em algum lugar do que de qualquer outra fonte. Ele recebeu várias cartas de felicitação por essa ocasião. De resto, é desconhecido na Áustria.

Freud é mencionado no terceiro capítulo de *Consequências Econômicas da Paz*. No capítulo intitulado "A Conferência", Keynes descreve os protagonistas da Conferência de Versalhes e escreve, referindo-se ao Presidente Wilson:

[MEISEL, Perry; KENDRICK, Walter (1990). *Bloomsbury-Freud*: James & Alix Strachey – correspondance 1324-1925. Paris: PUF, p. 43].

313 Dora, O pequeno Hans, o Homem dos Ratos, o Presidente Schreber e O homem dos Lobos.

> Para falar a linguagem da psicologia médica, sugerir ao Presidente que o tratado traía os seus compromissos era o mesmo que expor o seu complexo freudiano. Abordar tal assunto foi para ele intolerável, e todas as forças do seu inconsciente se conjugavam para impedir um exame aprofundado.[314]

Em 1930, o próprio Freud se comprometeu a escrever um retrato psicológico do Presidente Wilson, com o jornalista e diplomata americano William Bullitt,[315] que lhe tinha sugerido a ideia. O livro só foi publicado em 1967, após a morte da segunda esposa do presidente Wilson. No seu prefácio, Bullitt indicou que tinham lido o livro de Keynes para preparar o seu próprio.[316]

Leitor de Keynes, Freud era também leitor de Lytton Strachey, mesmo antes de conhecer James. Os aclamados *Vitorianos Eminentes* (1918) e *Rainha Vitória* (1921), que fizeram a fortuna de Strachey, inauguraram um novo estilo de biografia psicológica que pode parecer ter sido

314 KEYNES, John Maynard (1919). *The Economic Consequences of the Peace*. Londres: Macmillan; JMK, vol. 2; *Les Conséquences politiques de la paix*. Paris: Gallimard, 2002, p. 66. A referência a Freud desaparece na primeira tradução francesa, de Paul Franck, publicada pela *Nouvelle Revue Française* em 1920, quando "*touch on the raw of a Freudian complex*" (JMK, vol. 2, p. 34) passa a ser "tocar diretamente num gânglio nervoso" (p. 52).

315 Bullitt, então embaixador americano em Paris, ajudou Freud a deixar Viena após o *Anschluss*. Tinha participado na conferência de paz de Paris e, tal como Keynes, tinha-se demitido por discordar da natureza das reparações impostas à Alemanha.

316 FREUD, Sigmund; BULLITT, William (1967). *Le Président T. W. Wilson*: portrait psychologique. Paris: Payot, 1990, p. 8.

influenciado por Freud. Os vitorianos eminentes e os seus soberanos são retratados como neuróticos, e a sua neurose é atribuída a fatores sexuais. De fato, Lytton Strachey era, quando escreveu seus primeiros livros, muito reticente em relação às teses de Freud e não o tinha lido muito. Isso mudou na década de 1920 e, tal como Keynes, leu os *Collected Papers* de Freud e acabou por usar as teses freudianas em *Elizabeth e Essex*, tal como Virginia Woolf fez mais tarde em *Three Guineas*. Como resultado, Lytton recebeu uma longa e muito elogiosa carta de Freud:

> Foi com grande prazer que li os seus textos anteriores. Mas esse prazer era sobretudo estético. Dessa vez, me comoveu mais do que o habitual, porque você próprio atingiu grandes profundidades. (...) Está perfeitamente consciente do que os outros historiadores costumam omitir: o fato de ser impossível compreender o passado com toda a certeza, porque não somos capazes de fazer suposições suficientes sobre as motivações dos homens e a essência das suas almas, pelo que não podemos interpretar as suas ações. (...) Como historiador, então, você mostra como está profundamente enraizado no espírito da psicanálise.[317]

No início de 1924, Leonard Woolf foi abordado por James Strachey para ser o editor dos *Collected Papers*

317 Carta de Freud a Lytton Strachey, 25 de dezembro de 1928, em MEISEL, Perry; KENDRICK, Walter (1990). *Bloomsbury-Freud*: James & Alix Strachey – correspondance 1324-1925. Paris: PUF, p. 373.

de Freud, dos quais quatro volumes seriam publicados em tradução por uma equipe liderada por Alix e James Strachey. Leonard aceitou e, como conta em suas memórias, essa decisão teria consequências importantes para o futuro da editora Hogarth, que ele tinha fundado com Virginia em 1917.[318] A aposta parecia, de fato, muito arriscada. A editora Unwin tinha se recusado a se comprometer com ela e aconselhou Leonard a não o fazer. Publicados entre 1924 e 1925, os quatro volumes foram, no entanto, um enorme sucesso, tanto nos Estados Unidos como na Inglaterra, e circularam durante quarenta anos. Um quinto volume foi publicado em 1950. Foi nessa edição que Keynes e os outros membros do grupo de Bloomsbury conheceram as obras mais importantes de Freud. James Strachey escreveu a Alix em 18 de junho de 1925: "a propósito, Maynard disse que estava imerso nos *Case Histories* e fez uma série de elogios à tradução. Segundo ele, parece que estava lendo a totalidade da obra do Professor para compreender por completo o assunto".[319] Keynes encontrou aí ideias que viria a utilizar tanto no *Tratado do Dinheiro* como na *Teoria Geral*. Sob o pseudônimo "Siela", que por vezes usava, escreveu, após um debate nas colunas dos periódicos *Nation and Athaeneum*, de que era presidente do conselho de administração:

318 Essa editora publicou vários ensaios curtos de Keynes, enquanto os seus escritos mais volumosos foram vendidos à Macmillan.

319 MEISEL, Perry; KENDRICK, Walter (1990). *Bloomsbury-Freud*: James & Alix Strachey – correspondance 1324-1925. Paris: PUF, 1990, p. 331.

> O Professor Freud parece-me ser dotado de uma imaginação científica genial, capaz de dar corpo a uma abundância de ideias inovadoras, a aberturas sensacionais, a hipóteses de trabalho suficientemente estabelecidas na intuição e na experiência comum para merecerem o exame mais paciente e imparcial, e que contêm, com toda a probabilidade, tanto teorias que terão de ser abandonadas ou reformuladas até deixarem de existir, como teorias de significado imenso e permanente.[320]

De 1924 até à morte de Freud, a editora Hogarth publicou todas as traduções inglesas dos seus livros, bem como todas as obras da Biblioteca Psicanalítica ligadas ao Instituto de Psicanálise de Londres, ou seja, cerca de 70 títulos. Sobre essa experiência, Woolf diz, nas suas memórias, que o maior prazer que retirou dessa experiência foi a relação criada com Freud. Encontraram-se apenas uma vez, a 28 de janeiro de 1939, na presença de Virginia, a quem Freud, "extraordinariamente cortês, num estilo cerimonioso e antiquado", ofereceu um narciso:

> Havia nele algo como num vulcão semiextinto, algo sombrio, reprimido, reservado. Deu-me uma impressão que muito poucas pessoas que conheci alguma vez

320 KEYNES, John Maynard (1925). "Freudian psycho-analysis". *Nation and Athenaeum*, vol. 35, 29 ago., pp. 643/644; JMK, vol. 28, p. 392.

me deram, a impressão de uma grande gentileza, mas por detrás dela, de uma grande força.[321]

Virginia, por seu lado, descreve Freud como "um homem muito velho, mirrado e sem pistas, com olhos claros de macaco, movimentos espasmódicos e paralisados, inarticulado, mas alerta (...), um fogo antigo agora a tremeluzir".[322] Foi depois desse encontro que começou a ler Freud a sério, "para alargar a circunferência, para dar mais espaço ao meu cérebro: para o tornar objetivo; para sair. Para ultrapassar a contração da idade. Sempre recebendo coisas novas".[323] Ela diz que essa leitura a ajudou a ver mais claramente a ambivalência da sua relação com os pais, a mistura de amor e ódio que Freud mostrou ser natural.

Ela não teve tempo de aproveitar muito mais essa leitura. No dia 28 de março de 1941, mergulhou nas ondas do rio Ouse, perto da sua casa, com pedras nos bolsos do seu casaco. A pulsão de morte tinha sido mais forte do que o seu gênio criativo. Freud morreu seis meses antes, em 23 de setembro de 1939. Ele tinha pedido ao seu médico que pusesse fim ao sofrimento que durava dezesseis anos devido a um câncer no maxilar. Exausto pelos seus esforços durante a guerra para construir um mundo melhor, Keynes morreu aos sessenta e dois anos, a 2 de abril de 1946.

321 WOOLF, Leonard (1967). *Downhilll all the way*: an autobiography of the years 1917 to 1939. Nova York: Harcourt Brace Jovanovich, pp. 168/169.

322 WOOLF, Virginia (1977-1984). *The Diary of Virginia Woolf*. vol. 5. Londres: Hogarth Press, p. 202.

323 WOOLF, Virginia (1977-1984). *The Diary of Virginia Woolf*. vol. 5. Londres: Hogarth Press, p. 248.

AGRADECIMENTOS

Algumas das ideias apresentadas neste livro já foram expostas em trabalhos publicados anteriormente.[324] Gostaríamos de agradecer a Bradley Bateman, Gilles Bourque, Robert Dimand, Bernard Élie, Crauford Goodwin, Ric Holt, Olivier Favereau, Catherine Martin, Alexandre Minda, Robert Nadeau, Pepita Ould-Ahmed, Karl Polanyi-Levitt, Patrick Raines, Antoine Rebeyrol, Louis-Bernard Robitaille, Pierre Rochon, John Smithin e Ted Winslow pelos seus comentários a essas versões anteriores ou a

324 Ver, nomeadamente, DOSTALER, Gilles (1997). "Keynes and Friedman on money". *In*: COHEN, Avi J.; HAGEMANN, Harald; SMITHIN, John (Coord.). *Money, financial institutions and macroeconomics*. Boston: Kluwer Academic, pp. 85-100; BERNARD, Maris (1999). *Keynes ou l'économiste citoyen*. Paris: Presses de Sciences Po.; DOSTALER, Gilles; BERNARD, Maris (2000). "Dr. Freud and Mr. Keynes on money and capitalism". *In*: SMITHIN, John (Coord.). *What is Money?* Londres: Routledge, pp. 235-256; DOSTALER, Gilles (2005). *Keynes et ses combats*. Nouvelle édition revue et augmentée. Paris: Aibin Michel, 2009 (Bibliothèque de l'Évolution de l'Humanité); DOSTALER, Gilles; BERNARD, Maris (2006). "L'argent, le capitalisme et la psychanalyse: Freud et Keynes". *Mortibus*: Critiques du Capitalisme Incarné, nº 2, pp. 47-71.

esta. Finalmente, gostaríamos de agradecer a Hélène Monsacré e Delphine Ayral pela sua revisão paciente, meticulosa e, sobretudo, bem-informada.

BIBLIOGRAFIA

Nota introdutória dos autores

Apoiamos nossos comentários com numerosas citações, principalmente de textos de Freud e Keynes, muitos dos quais pouco conhecidos. Esses textos, bem como os escritos de outros autores mencionados ou citados, estão aqui agrupados numa bibliografia muito completa no que respeita à relação entre Freud e Keynes. Para facilitar ao leitor a rápida localização da fonte das citações, utilizamos o sistema autor-data-página. A data indicada após o nome do autor na bibliografia é geralmente a da primeira edição original da obra. Se estiver numa língua estrangeira e tiver sido publicada uma tradução francesa, é essa tradução que utilizamos e à qual se referem os números de página. Por outro lado, se não for mencionada nenhuma edição francesa na bibliografia, isso significa que a tradução é nossa[325] e não será mencionada no texto.

325 Várias traduções de textos de Keynes, retirados de DOSTALER, Gilles (2005). *Keynes et ses combats*. Nouvelle édition revue et

Citações das cartas de Keynes, quando não é indicada a fonte, são retiradas dos arquivos consultados. As passagens em itálico nas citações são sublinhadas pelo autor.

Abreviaturas

J M K: *The Collected Writings o fJohn Maynard Keynes*. Londres: Macmillan, 1971-1989, 30 volumes.

KP: *Keynes Papers,* Kings College Library. Cambridge.

OC: Sigmund Freud, *Ouvres complètes*: Pychanalyse. Paris: PUF, depuis 1989, 21 volumes previstos.

Obras

AGLIETTA, Michel; ORLÉAN, André (1982). *La Violence de la monnaie*. Paris: PUF.

ARISTÓTELES (1971). *Politique*. Trad. Marcel Prélot. Paris: Gonthier.

ASSOUN, Paul-Laurent (2004). "L'argent à l'épreuve de la psychanalyse: le symptôme social et son envers inconscient". *In*: DRACH, Marcel (Coord.). *L'Argent*: croyance, mesure, spéculation. Paris: La Découverte, pp. 61-82.

augmentée. Paris: Aibin Michel, 2009, foram efetuadas por Marielle Cauchy. Estamos-lhe gratos.

BACHELARD, Gaston (1938). *La Formation de l'esprit scientifique*: contribution à une psychanalyse de la connaissance objective. Paris: Vrin, 2004.

BALZAC (1839). *Beatrix*. Paris: Gallimard, 1979.

BATAILLE, Georges (1949). *La Part maudite*. Paris: Minuit, 1967.

BEAUD, Michel; DOSTALER, Gilles (1993). *La Pensée économique depuis Keynes*: historique et dictionnaire des principaux auteurs. Édition abrégée. Paris: Seuil, 1996 (Points Économie).

BELL, Quentin (1972). *Virginia Woolf*: a biography. 2 vols. Londres: Hogarth Press.

BERTHOUD, Arnaud (2004). "Monnaie et mesure chez Aristote". *In*: DRACH, Marcel (Coord.). *L'Argent*: croyance, mesure, spéculation. Paris: La Découverte, pp. 85-93.

BONADEI, Rossana (1994). "John Maynard Keynes: contexts and methods". *In*: MARZOLA, Alessandra; SILVA, Francesco (Coord.). *John Maynard Keynes*: language and method. Aldershot: Edward Elgar, pp. 13-75.

BORMANS, Christophe (2002). "Keynes et Freud: de la 'vision' à la 'révolution' keynésienne: l'hypothèse Freud". Disponível em: http: //www.psychanalyste-paris.com/Keynes-et-Freud.htm1. Acessado em: 07.10.2024.

BORNEMAN, Ernest (Coord.) (1978). *Psychanalyse de l'argent*: une recherche critique sur les théories psychanalytiques de l'argent. Paris: PUF, 1978 [1ª edição alemã, 1973].

BROWN, Norman O. (1959). *Life against death*: the psychoanalytical meaning of history. Middletown: Wesleyan University Press; *Éros et Thanatos*. Paris: Denoël, 1972.

CAWS, Mary Ann; WRIGHT, Sarah Bird (2000). *Bloomsbury and France*: art and friends. Nova York: Oxford University Press.

COMTE, Auguste (1841). *Catéchisme positiviste*. Paris: Garnier-Flammarion, 1966.

DEBORD, Guy (1967). *La Société du spectacle*. Paris: Gallimard, 1992.

DELUMEAU, Jean (1978). *La Peur en Occident (XIV-XVIII siècles)*: une cité assiégée. Paris: Fayard.

DESCARTES (1649). *Les Passions de l'âme*. Ed. B. Timmermans. Paris: Livre de Poche, 1990.

DESCOLA, Philippe (2005). *Par-delà nature et culture*. Paris: Gallimard.

DIDIER-WEILL, Alain (Coord.) (2004). *Freud et Vienne*: Freud aurait-il inventé la psychanalyse s'il n'avait pas été viennois? Ramonville: Éditions Erès, 2004.

DOSTALER, Gilles (1997). "Keynes and Friedman on money". *In*: COHEN, Avi J.; HAGEMANN, Harald; SMITHIN, John (Coord.). *Money, financial institutions and macroeconomics*. Boston: Kluwer Academic, pp. 85-100.

______ (2001). *Le Libéralisme de Hayek*. Paris: La Découverte.

______ (2005). *Keynes et ses combats*. Nouvelle édition revue et augmentée. Paris: Aibin Michel, 2009 (Bibliothèque de l'Évolution de l'Humanité).

______ (2005). "Les 'prix Nobel d'économie': une habile mystification". *Alternatives Économiques*, nº 238, jul./ago., pp. 88-91.

DOSTALER, Gilles; BERNARD, Maris (2000). "Dr. Freud and Mr. Keynes on money and capitalism". *In*: SMITHIN, John (Coord.). *What is Money?* Londres: Routledge, pp. 235-256.

______ (2006). "L'argent, le capitalisme et la psychanalyse: Freud et Keynes". *Mortibus*: Critiques du Capitalisme Incarné, nº 2, pp. 47-71.

DUPUY, Jean-Pierre (1992). *Le Sacrifice et l'envie*. Paris: Calmann-Lévy.

DUPUY, Yves; MARIS, Bernard (1996). "Le pouvoir et le marché". *Sciences de la Société*, nº 38, pp. 7-22.

FERENCZI, Sandor (1914). "Sur l'ontogenèse de l'intérêt pour l'argent". *In*: BORNEMAN, Ernest (Coord.) (1978). *Psychanalyse de l'argent*: une recherche critique sur les théories psychanalytiques de l'argent. Paris: PUF, pp. 94-105.

______ (1916). "Pecunia olet (L'argent a une odeur)". *In*: BORNEMAN, Ernest (Coord.) (1978). *Psychanalyse de l'argent*: une recherche critique sur les théories psychanalytiques de l'argent. Paris: PUF, pp. 106-109.

______ (1924). *Thalassa*: psychanalyse des origines de la vie sexuelle. Paris: Payot, 1962.

______ (1931). "La naissance de l'intellect", notes et fragments, 30 juillet. *In*: ______. *Psychanalyse IV*. Ouvres Complètes, tomo IV, 1927-1933. Paris: Payot, 1982, pp. 285-287.

FREUD, Sigmund (1908). "Caractère et érotisme anal". OC, vol. 8, pp. 187-194.

______ (1911). "Formulation sur les deux principes de l'advenir psychique". OC, vol. 11, pp. 11-19.

______ (1911). "Rêves dans le folklore". OC, vol. 11, pp. 55-84.

______ (1913). *Totem et tabou*. OC, vol. 11, pp. 189-385.

______ (1913). "Le Moïse de Michel-Ange". OC, vol. 12, pp. 127-158.

______ (1914). "Pour introduire le narcissisme". OC, vol. 12, pp. 213-244.

______ (1915). *Actuelles sur la guerre et sur la mort*. OC, vol. 13, pp. 125-155.

______ (1916-1917). *Introduction à la psychanalyse*. OC, vol. 14.

______ (1917). "Sur les transpositions pulsionnelles, en particulier dans l'érotisme anal". OC, vol. 15, pp. 53-62.

______ (1920). *Au-delà du principe de plaisir*. OC, vol. 15, pp. 273-338.

______ (1921). *Psychologie des masses et analyse du moi*. OC, vol. 16, pp. 1-83.

______ (1927). *L'Avenir d'une illusion*. OC, vol. 18, pp. 141-197.

______ (1930). *Le Malaise dans la culture*. Paris: PUF, 1995.

______ (1939). L'Homme Moïse et la religion monothéiste: trois essais. Paris: Gallimard, 1986.

______ (1979). *Correspondance, 1873-1339*. Paris: Gallimard.

______ (2005). "Notre coeur tend vers le Sud": correspondance de voyage, 1895-1923. Paris: Fayard.

______ (2006). *Lettres à Wilhelm Fliess, 1887-1904*. Paris: PUF.

FREUD, Sigmund; ABRAHAM, Karl (2006). *Correspondance complète, 1907-1925*. Paris: Gallimard.

FREUD, Sigmund; BULLITT, William (1967). *Le Président T. W. Wilson*: portrait psychologique. Paris: Payot, 1990.

FROMM, Erich (1932). "La caractériologie psychanalytique et sa signification pour la psychologie sociale". *In*: ______. *La Crise de la psychanalyse*: essais sur Freud, Marx et la psychologie sociale. Paris: Denoël, 1971, pp. 175-208.

______ (1980). *Grandeurs et limites de la pensée fieudienne*. Paris: Robert Laffont.

GARDAZ, Michel (1987). *Marx et l'argent*. Paris: Économica.

GAUTIER, Théophile (1835). *Mademoiselle de Maupin*. Paris: Gallimard.

GEORGESCU-ROEGEN, Nicholas (1971). *The Entropy Law and the Economic Process*. Cambridge: Harvard University Press.

GIRARD, René (1972). *La Violence et le sacré*. Paris: Hachette.

______ (1978). *Des choses cachées depuis la fondation du monde*. Paris: Grasset.

______ (1999). *Je vois Satan tomber comme l'éclair*. Paris: Grasset.

______ (2002). *La Voix méconnue du réel*: une théorie des mythes archaïques et modernes. Paris: Grasset.

______ (2004). *Les Origines de la culture*. Paris: Desclée de Brouwer.

GIRAUDOUX, Jean (1951). *Sodome et Gomorrhe*. Paris: Grasset.

GODBOUT, Jacques T. (2007). *Ce qui circule entre nous*: donner, recevoir, rendre. Paris: Seuil.

GOUX, Jean-Joseph (1973). *Freud, Marx*: économie et symbolique. Paris: Seuil.

GRAVES, Robert (1955). *The Greek Myths*. Londres: Penguin; Paris: Fayard, 1967.

GRUNBERGER, Bela (1971). *Le Narcissisme*: essai de psychanalyse. Paris: Payot.

HARNICK, Jenö (1919). "Éléments d'histoire de la civilisation sur le thème du complexe de l'argent et de l'érotisme anal". *In*: BORNEMAN, Ernest (Coord.) (1978). *Psychanalyse de l'argent*: une recherche critique sur les théories psychanalytiques de l'argent. Paris: PUF, pp. 123/124.

______ (1925). "Die triebhaft-affektiven Momente im Zeitgefühl". *Imago*, vol. 11, pp. 32-57.

HÉNAFF, Marcel (2002). *Le Prix de la vérité*: le don, l'argent et la philosophie. Paris: Seuil.

HOUELLEBECQ, Michel (2005). *La Possibilité d'une île*. Paris: Fayard.

JONES, Ernest (1916). "Théorie du symbolisme". *British Journal of Psychology*, vol. 9; *Théorie et pratique de la psychanalyse*. Paris: Payot, 1997, pp. 82-131.

______ (1919). "Traits de caractère se rattachant à l'érotisme anal". *Journal of Abnormal Psychology*, vol. 13; *Théorie etpratique de la psychanalyse*. Paris: Payot, 1997, pp. 378-398.

KANT, Emmanuel (1793). *La Religion dans les limites de la simple raison*. Paris: Vrin, 1979.

KEYNES, John Maynard (1909). [Science and art], lu à la Société des Apôtres, 20 fev.; KP, UA/ 32.

______ (1914). "The prospects of money, November 1914". *Economic Journal*, vol. 24, dez., pp. 610-634; JMK, vol. 11, pp. 299-328.

______ (1919). *The Economic Consequences of the Peace*. Londres: Macmillan; JMK, vol. 2; *Les Conséquences politiques de la paix*. Paris: Gallimard, 2002.

______ (1921). *A Treatise on probability*. Londres: Macmillan; JMK, vol. 8.

______ (1923). *A Tract on Monetary Reform*. Londres: Macmillan; JMK, vol. 4; *La Réforme monétaire*. Paris: Simon Kra, 1924.

______ (1925). *A Short View of Russia*. Londres: Hogarth Press; JMK, vol. 9, pp. 253-271; "Un aperçu de la Russie". *In*: KEYNES, John Maynard (2002). *La Pauvreté dans l'abondance*. Paris: Gallimard, pp. 31-54.

______ (1925). “Freudian psycho-analysis”. *Nation and Athenaeum*, vol. 35, 29 ago., pp. 643/644; JMK, vol. 28, pp. 392/393.

______ (1926). *The End of Laissez-Faire*. Londres: Hogarth Press; *La Fin du laissez-faire*. *In*: KEYNES, John Maynard (2002). *La Pauvreté dans l’abondance*. Paris: Gallimard, pp. 55-86.

______ (1926). “Liberalism and labour”. *Nation and Athenaeum*, vol. 38, 20 fev., p. 707/708; JMK, vol. 9, pp. 307-311.

______ (1927). “Clissold”. *Nation and Athenaeum*, vol. 40, 22 jan., pp. 561/562; JMK, vol. 9, pp. 315-320.

______ (1929). “Is there enough gold? The League of Nations enquiry”. *Nation and Athenaeum*, vol. 44, 19 jan., pp. 545/546; JMK, vol. 19, pp. 775-780.

______ (1930). *A Treatise on Money*. Londres: Macmillan; vol. 1, *The Pure Theory of Money*; vol. 2: *The Applied Theory of Money*; JMK, vol. 5 e 6.

______ (1930). “Economic possibilities for our grandchildren”. *Nation and Athenaeum*, vol. 48, 11 e 18 out., pp. 36/37 e 96-98; JMK, vol. 9, pp. 321-332; “Perspectives économiques pour nos petits-enfants”. *In*: KEYNES, John Maynard (2002). *La Pauvreté dans l’abondance*. Paris: Gallimard, pp. 103-119.

______ (1930). “New process”. JMK, vol. 20, pp. 157-165.

______ (1931). *Essays in Persuasion*. Londres: Macmillan; version augmentée JMK, vol. 9; traduction partielle, *Essais sur la monnaie et l’économie*: les cris de Cassandre. Paris: Payot, 1971.

______ (1931). “The future of the world”. *Sunday Express*, 27 set.; “La fin de l’étalon-or”. *In*: KEYNES, John Maynard (1971). *Essais sur la monnaie et l’économie*. Paris: Payot, pp. 109-115.

______ (1932). “Banks and the collapse of money values”. *Vanity Fair*, jan. 21-3; “Les effets de l’effondrement des prix sur le système bancaire”. *In*: KEYNES, John Maynard (1971). *Essais sur la monnaie et l’économie*. Paris: Payot, pp. 69-78.

______ (1933). “A monetary theory of production”. *In*: CLAUSING, G. (Coord.). *Der Stand und die nüchste Zukunft der Konjunkturforschung*: Festschrzft für Arthur Spiethoff. Munich: Duncker & Humblot, pp. 123-125; JMK, vol. 13, p. 408-411.

______ (1933). “M. Lloyd George: a fragment”. *In*: ______. *Essays in Biography*. Londres: Macmillan, pp. 31-41; JMK, vol. 10, pp. 20-26.

______ (1933). “National self-sufficiency”. *New Statesman and Nation*, vol. 6, 8 jul., pp. 36/77, 15 jul., pp. 65-67; JMK, vol. 21, pp. 233-246; “L’autosuffisance nationale”. *In*: KEYNES, John Maynard (2002). *La Pauvreté dans l’abondance*. Paris: Gallimard, pp. 197-212.

______ (1935). “Future interest rates: Mr. J. M. Keynes on the outlook”, discours prononcé le 20 février à la National Mutual Life Assurance Society. *Times*, 21 fev.; JMK, vol. 12, pp. 208-216.

______ (1936). *The General Theory of employment, interest and money*. Londres: Macmillan; *Théorie Générale de l’emploi, de l’intérêt et de la monnaie*. Paris: Payot, 1982.

______ (1936). "Art and the State". *Listener*, 26 ago.; JMK, vol. 28, pp. 341-349.

______ (1937). "The general theory of employment". *Quarterly Journal of Economics*, vol. 51, fev., pp. 209-223; JMK, vol. 14, pp. 109-123; *In*: KEYNES, John Maynard (2002). *La Pauvreté dans l'abondance*. Paris: Gallimard, pp. 239-260.

______ (1938). "My early beliefs"; JMK, vol. 10, pp. 433-450.

______ (1971). *Essais sur la monnaie et l'économie*. Paris: Payot.

______ (2002). *La Pauvreté dans l'abondance*. Paris: Gallimard.

LÉVI-STRAUSS, Claude (2005). "Discours d'acceptation du Prix international Catalunya, prononcé à l'Académie Française, mai". *Le Nouvel Observateur*, nº 2.269, 1-7 maio 2008.

MARCUSE, Herbert (1955). *Eros et civilisation*. Paris: Minuit, 1963.

MARIE, Pierre (2005). *Les Fous d'en face*: lecture de la folie ordinaire. Paris: Denoël.

MARIS, Bernard (1995). "Les figures du marché et le champ de l'économie des conventions". *Cahiers d'Économie Politique*, nº 26, pp. 183-209.

______ (1999). *Keynes ou l'économiste citoyen*. Paris: Presses de Sciences Po.

______ (2006). *Antimanuel d'économie*, 2: Les Cigales. Rosny-sous-Bois: Bréal.

MARX, Karl (1844). *Manuscrits de 1844 (Économie politique & philosophie)*. Paris: Éditions Sociales, 1972.

______ (1859). *Contribution à la critique de l'économie politique*. Paris: Éditions Sociales, 1972.

______ (1867). *Le Capital*: critique de l'économie politique, livre premier – le développement de la production capitaliste. 3 tomos. Paris: Éditions Sociales, 1973.

______ (1875). "Critique du progamme du Parti Ouvrier Allemand". *In*: ______. *Oeuvres, Économie*, I. Paris: Gallimard, 1965, pp. 1407-1434.

MEISEL, Perry; KENDRICK, Walter (1990). *Bloomsbury-Freud*: James & Alix Strachey – correspondance 1324-1925. Paris: PUF [1 édition anglaise, 1985].

MINI, Piero V. (1994). *John Maynard Keynes*: a study in the psychology of original work. Londres: Macmillan.

MORE, Thomas (1516). *L'Utopie*. Paris: Flammarion, 1987.

MORIN, François (2006). *Le Nouveau Mur de l'argent*: essai sur la finance globalisée. Paris: Seuil.

NIETZSCHE, Friedrich (1883-1985). *Ainsi parlait Zarathoustra*. Paris: Gallimard, 1971.

______ (1887). *Généalogie de la morale*. Paris: Flammarion, 2002.

ORLÉAN, André (Coord.) (1994). *Analyse économique des conventions*. Paris: PUF.

______ (1999). *Le Pouvoir de la finance*. Paris: Odile Jacob.

PARSONS, Wayne (1997). *Keynes and the quest for a moral science*: a study of economics and alchemy. Cheltenham: Edward Elgar.

PHILLIPS, Adam (2005). *La Mort qui fait aimer la vie*: Darwin et Freud. Paris: Payot.

POLANYI, Karl (1944). *La Grande transformation*: aux origines économiques et politiques de notre temps. Paris: Gallimard, 1983.

REBEYROL, Antonie (1998). "Psychanalyse et économie politique". *In*: KAUFMANN, Pierre (Coord.). *L'Apport freudien*: éléments pour une encyclopédie de la psychanalyse. Paris: Larousse, pp. 683-690.

REISS-SCHIMMEIL, Ilana (1993). *La Psychanalyse et l'argent*. Paris: Odile Jacob.

ROHEIM, Géza (1923). "L'argent sacré en Mélanésie". *In*: BORNEMAN, Ernest (Coord.) (1978). *Psychanalyse de l'argent*: une recherche critique sur les théories psychanalytiques de l'argent. Paris: PUF, pp. 215-231.

RUSKIN, John (1862). *Unto this last*: four essays on the first principles of political economy. Londres: Smith, Elder and Co., p. 43. Disponível em: http://www.forget-me.net/Ruskin/. Acessado em: 07.10.2024.

ROUDINESCO, Élisabeth; PLON, Michel (2000). *Dictionnaire de la psychanalyse*. Paris: Fayard.

SAHLINS, Marshall David (1976). *Âge de pierre, âge d'abondance*. Paris: Gallimard.

SARTRE, Jean-Paul (1988). *L'ldiot de la famille*: Gustave Flaubert de 1821 à 1857. vol. 1. Paris: Gallimard.

SCHNEIDER, Louis (1948). *The Freudian Psychology and Veblen's Social Theory*. Nova York: Kings Crown Press.

SCHORSKE, Carl E. (1983). *Vienne fin de siècle*. Paris: Seuil.

SCHUR, Max (1975). *La Mort dans la vie de Freud*. Paris: Gallimard.

SIMMEL, Georg (1900). *Philosophie de l'argent*. Paris: PUF, 1987.

SKIDELSKY, Robert (1992). *John Maynard Keynes*, vol. 2: the economist as saviour, 1921-1937. Londres: Macmillan.

STRACHEY, Lytton (1914). "According to Freud". *In*: LEVY, Paul (Coord.). *The Really Interesting Question and Other Papers*. Londres: Weidenfeld & Nicolson, pp. 112-120.

THUREAU-DANGIN, Philippe (1995). *La Concurrence et la mort*. Paris: Syros.

TOCQUEVILLE, Alexis de (1840). *De la démocratie en Amérique*, II. Paris: Garnier-Flammarion, 1981.

VIDERMAN, Serge (1992). *De l'Argent*: en psychanalyse et au-delà. Paris: PUF.

WEBER, Max (1904-1905). *L'Éthique protestante et l'esprit du capitalisme*. Paris: Plon, 1964.

WHITEHEAD, Alfred North (1925). *La Science et le monde moderne*. Paris: Vrin, 2006.

WINSLOW, E. G. (1986). "Keynes and Freud: psychoanalysis and Keynes's account of the 'animal spirits' of capitalism". *Social Research*, vol. 53, nº 4, pp. 549-578.

______ (1990). "Bloomsbury, Freud, and the vulgar passions". *Social Research*, vol. 57, nº 4, pp. 785-819.

______ (1992). "Psychoanalysis and Keynes's account of the psychology of the trade cycle". *In*: GERRARD, Bill; HILLARD, John (Coord.). *The Philosophy and Economics of J. M. Keynes*. Aldershot: Edward Elgar, pp. 212-230.

______ (1995). "Uncertainty and liquidity-preference". *In*: DOW, Sheila; HILLARD, John (Coord.). *Keynes, knowledge and uncertainty*. Aldershot: Edward Elgar, pp. 221-243.

WOOLF, Leonard (1960). *Sowing*: an autobiography of the years 1870 to 1904. Londres: Hogarth Press.

______ (1967). *Downhilll all the way*: an autobiography of the years 1917 to 1939. Nova York: Harcourt Brace Jovanovich.

WOOLF, Virginia (1975-1980). *The Letters of Virginia Woolf*. 6 vols. Londres: Hogarth Press.

______ (1977-1984). *The Diary of Virginia Woolf*. 5 vols. Londres: Hogarth Press.

______ (2003). *Congenial spirits*: the selected letters of Virginia Woolf. Londres: Pimlico.

ZARETSKEY, Eli (2008). *Le Siècle de Freud*: une histoire sociale et culturelle de la psychanalyse. Trad. Pierre-Emmanuel Dauzat. Paris: Albin Michel.

NOTAS

NOTAS

A Editora Contracorrente se preocupa com todos os detalhes de suas obras! Aos curiosos, informamos que este livro foi impresso no mês de janeiro de 2025, em papel Pólen Natural 80 g/m².